NEUE Reitweiner Merkwürdigkeiten

Ein Begleiter durch Reitwein
anlässlich des 700-jährigen Jubiläums

von Nadine Schmid und Jana Kotte

Reitwein: Kleines Dorf mit großer Geschichte

Wer tief in die Geschichte des Ortes Reitwein hinabsteigt, dem begegnet bald das entscheidende Datum 1316. In jenem Jahr wurde Ruthewyn erstmals in einer Urkunde erwähnt. Vor genau 700 Jahren also.

Ruthewyn – der alte Ortsname macht deutlich, dass es in Reitwein weder um Reiten noch um Wein geht. Unsere Ahnen passten einfach einen slawischen Namen an die deutsche Sprechweise an. Aus dem „Weg durch den Morast" (rutewina) oder dem „Raseneisenstein" (rudowina) – da ist sich die Wissenschaft uneins – wurde mit den Jahren „Reitwein".

Spuren einer Besiedlung durch die Slawen können Wanderer in den Wallbergen auf dem Sporn oberhalb des Dorfes erkunden. Historiker fanden bei Grabungen in den Jahren 1872 und 1930 dort zwei Siedlungsflächen, die durch zwei auch heute noch deutlich sichtbare Burgwälle voneinander getrennt sind. Es wurden Tonscherben, Urnen und Keramik gefunden, die mindestens bis ins 8. Jahrhundert zurückgehen. Sie geben Hinweise darauf, dass auf dem Reitweiner Sporn die Slawen die Germanen ablösten.

Ein paar Jahrhunderte später wanderten wiederum deutsche Siedler in das Gebiet ein. Gewaltsame Verdrängungen waren dabei selten, vielmehr vermischten sich die verschiedenen Volksgruppen durch Heirat und den raschen Wechsel der Herrschenden. Die Reitweiner sind also, so wie eigentlich alle Brandenburger, das Produkt einer bunten Mischung.

Auf die erste urkundliche Erwähnung kann Reitwein durchaus stolz sein. Denn in der Kaufurkunde ist als Verkäufer der Brandenburgische Markgraf Waldemar „der Große" eingetragen, der letzte große Herrscher aus dem Hause Askanien. Jener Waldemar verkaufte Ruthewyn für 147 Mark Brandenburgischen Silbers. Weil der Ort aber offenbar weniger wert war, legte er noch einen See und fünf Pfund Pfeffer obendrauf. Von dem Silber wird er nicht viel gehabt haben, denn schon drei Jahre später starb der Alleinherrscher von Brandenburg.

Mit dieser Transaktion war das Schicksal des Ortes für Jahrhunderte vorgezeichnet: Reitwein war Spekulationsobjekt. Neue Besitzer waren die Frankfurter Bürger Jacob von Gummer und Johann Schyele. Aber nicht lange. Zwanzig Jahre später war Reitwein Gegenstand eines Tauschhandels zwischen Markgraf Ludwig I. und den Stadträten von Frankfurt (Oder). 1572 war Reitwein wieder Tauschobjekt. Diesmal übergaben die Ratsherren von Frankfurt (Oder) den Ort einem Caspar von Platow und bekamen dafür Anteile am Dorf Booßen und 500 Taler. 1578 verwandelte von Platow seinen Besitz in ein Rittergut. Damit hatte das Hin und Her aber noch lange kein Ende. Die von Platows gerieten offenbar in Geldnot, wodurch schon 1590 der Hofmarschall Hans von Thümen den Ort als Pfandbesitz erhielt und weitervererbte.

1666 kaufte Joachim Erdmann von Burgsdorff den Ort Reitwein. Damit kam märkischer Uradel hierher. Zuvor war ein von Burgsdorff Bischof von Lebus, ein anderer war Bischof von Brandenburg, wieder ein anderer Kommandant aller brandenburgischen Festungen. Nun entstand in Reitwein ein repräsentatives Gutshaus.

Es war in den Jahren der Burgsdorffschen Herrschaft, dass das Reitweiner Schloss für ein paar Momente in einen hellen Strahl der Geschichte geriet. Das war während des Siebenjährigen Krieges. Fast genau ein Jahr nach der Schlacht von Zorndorf, deretwegen Friedrich „der Große" erstmals durch Reitwein gezogen war, hielt sich der Krieg führende König erneut hier auf. Am 12. August 1759 verlor Preußen auf der anderen Seite der Oder die Schlacht bei Kunersdorf gegen die russisch-österreichische Armee. Mehr als 36.000 der über 120.000 Soldaten starben oder wurden verwundet, der Rest floh. Unter dem König war ein Pferd erschossen worden und er selbst nur knapp dem Tod entronnen. Eine Flintenkugel traf ihn in der Brust, blieb aber in seinem goldenen Etui stecken. Er zog sich mit nur 3.000 verbliebenen Soldaten nach Reitwein zurück, um seine versprengten Truppen zu sammeln und sich zu erholen. Friedrich glaubte Preußen nach der Schlacht verloren und schrieb: „Ich werde den Untergang meines Vaterlandes nicht überleben. Adieu für immer!" Adressat dieser verzweifelten Zeilen war sein Jugendfreund und Staatsminister Karl Wilhelm von Finckenstein.

Doch das große Preußen ging nicht unter und im kleinen Reitwein übernahm im Jahr 1842 der Urenkel dieses selben Staatsministers das Rittergut. Diesmal lag dem Besitzerwechsel kein Geschäft zugrunde sondern eine Heirat. Die Heirat zwischen Erbtochter Erdmuthe Amalie von Burgsdorff und dem Grafen Rudolf Finck von Finckenstein. Weil Graf Rudolf seine Gemahlin überlebte, gehörte ihm ab 1849 das Reitweiner Anwesen voll und ganz. Er ließ das Gutshaus weiter ausbauen und einen Park nach englischem Vorbild anlegen. Spätestens jetzt konnte das Herrenhaus als Schloss bezeichnet werden.

Rudolf Finck von Finckenstein war auch ein frommer Mann. Er ließ in Reitwein an der Stelle der kleinen, alten Kirche aus dem 15. Jahrhundert eine neue, große

Kirche mit einem hohen Kirchturm bauen. Die Pläne dafür lieferte der preußische Baumeister Friedrich August Stüler (1800-1865), der zur selben Zeit an der Orangerie des Schlosses in Potsdam baute. Die Backsteine wurden in einer eigens gegründeten Ziegelei aus Reitweiner Erde gebrannt. Der seit Baumeister Schinkel beliebte neugotische Stil erforderte 63 verschiedene Formsteine. Eine Herausforderung für die Ziegelbrenner. Fertiggestellt wurde die Kirche 1858. Neben dem Kirchbau setzte der Gutsherr noch weitere soziale Ideen um und stiftete unter anderem einen Kindergarten und ein Altenheim. Im Jahr 1886 starb er mit 73 Jahren.

Ein berühmter Zeuge dieser Zeit ist Theodor Fontane. Der Journalist und Schriftsteller begegnete Rudolf Finck von Finckenstein, der Kirche und dem Schloss auf seinen Wanderungen durch die Mark Brandenburg, sein Besuch in Reitwein ist bezeugt. Zwar räumt er dem Ort mit ein paar knappen Erwähnungen in den „Wanderungen" nur wenig Raum ein. Dafür dürfte aber sein Roman „Vor dem Sturm" hier angesiedelt sein. Das fiktive „Hohen-Vietz" kann, so wie es beschrieben ist, nur am Reitweiner Sporn liegen.

Auch im 20. Jahrhundert war für Reitwein die Zeit der großen Schlachten und Herrschaftswechsel noch nicht vorbei. Die größte Schlacht auf deutschem Boden, jene um die Seelower Höhen, befehligte Marschall Shukow am 16. April 1945 vom Reitweiner Sporn aus. Drei Wochen vor Kriegsende starben innerhalb weniger Tage Zehntausende. Die Kriegsgräberfürsorge geht davon aus, dass noch 12.000 Soldaten in der Region verschollen sind. Heute haben mehr als 3.000 gefallene Soldaten auf der sowjetischen Kriegsgräberstätte in Reitwein ihre letzte Ruhe gefunden, auf dem Friedhof des Ortes liegen 45 getötete deutsche Soldaten. Der Krieg hat das Dorf etwa zur Hälfte zerstört. Das Schloss wurde zu DDR-Zeiten abgerissen, aber der Kirchturm konnte wieder aufgebaut werden und grüßt heute seine Bewohner und Besucherinnen schon von Weitem.

Das Reitwein des 21. Jahrhunderts ist ein anziehendes Haufendörfchen – eine Seltenheit in Brandenburg. Es ist sonnenverwöhnt und hübsch gelegen zwischen dem Höhenzug des Sporns und der Oder, die den Ort in einem Bogen umfließt. Nicht umsonst trägt es den Beinamen „Die Perle des Oderbruchs". Und dieses Buch lädt ein, seine Geschichte und seine Natur zu erkunden.

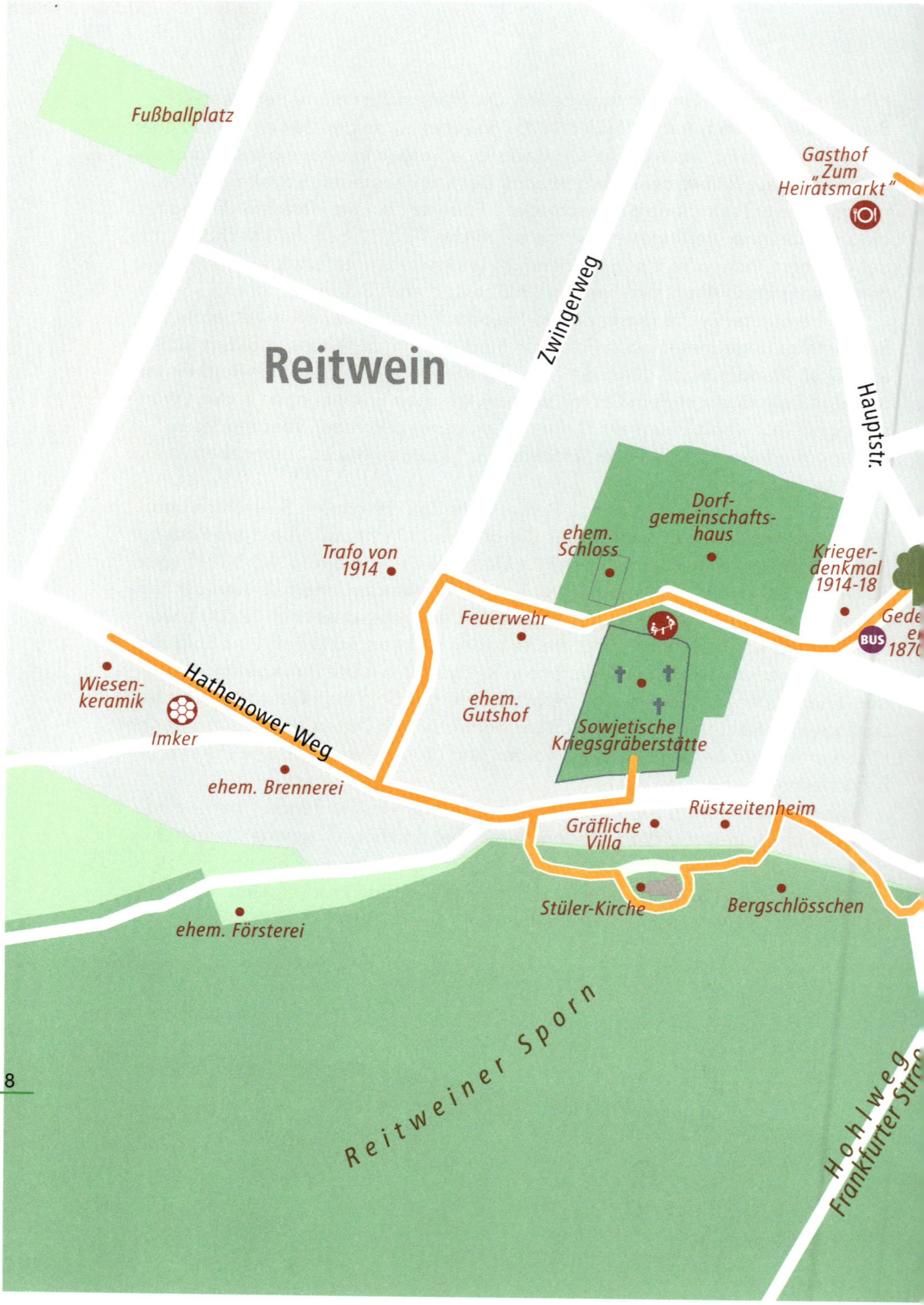
Fußballplatz
Gasthof
„Zum
Heiratsmarkt"
Reitwein
Zwingerweg
Hauptstr.
Dorf-
gemeinschafts-
haus
ehem.
Schloss
Trafo von
1914
Krieger-
denkmal
1914-18
Feuerwehr
BUS
Wiesen-
keramik
Hathenower Weg
Imker
ehem.
Gutshof
Sowjetische
Kriegsgräberstätte
ehem. Brennerei
Rüstzeitenheim
Gräfliche
Villa
Stüler-Kirche
Bergschlösschen
ehem. Försterei
Reitweiner Sporn
Hohlweg

Mühlenweg
Wildblumenacker
Triftweg
Pension „Weißer Hirsch"
Galerie Trafo 3
Pension „Zur Alten Scheune"
Fischerstr.
Fischerstr.
Triftweg
Deutsche Kriegsgräberstätte
Mühle
Friedhof
Fischerhaus
Kita/ehem. Feierabendhaus
Hauptstr.
„Die Wildblume"
Gaststätte „Am Sporn"
Imker
Ehemaliges Kinderheim
Akazienweg
Wuhdener Weg
Siedlerweg
Gutsarbeiterhaus

Spaziergang durch Reitwein

Die Suche nach einem Dorfzentrum gestaltet sich in Reitwein schwierig, denn bestehende Strukturen und Lebenswelten wurden im Laufe der letzten 700 Jahre immer wieder verändert, sei es durch Brände, Kriege, Reformen oder gesellschaftlichen Wandel. Geblieben sind unterschiedliche Schauplätze des Dorflebens und der Zeitgeschichte. Sie verbindet der folgende Spaziergang mit einer Länge von knapp zweieinhalb Kilometern.

Der Gasthof „Zum Heiratsmarkt"

Wir beginnen unsere Rundtour an einem Gasthof mit einem rätselhaften Namen. Schon manchem Gast unseres Dorfes stand die Frage ins Gesicht geschrieben, ob es dabei um eine Auktion von ehewilligen Singles geht oder hier die berüchtigte TV-Kuppelshow für Landwirte entwickelt wurde. Tatsächlich ist der Heiratsmarkt ein alljährlich wiederkehrendes Volksfest, das schon 1909 vom damaligen Männergesangsverein angekurbelt wurde. Diese luden seit Jahren immer am Sonntag nach Pfingsten zu einem Konzert, das sich großer Beliebtheit erfreute. Die Menschen aus der Umgebung kamen reichlich und verlangten nach mehr. Bald wurde nach dem Konzert zum Tanz geladen. Die Jugend nahm das Angebot gerne an, Bekanntschaften über die eigenen Dorfgrenzen hinaus zu machen. Gastwirt Reinhold Kurz erkannte die Gunst der Stunde und annoncierte 1921, „daß alle nach Reitwein zum Heiratsmarkt gehen".

Im Gasthof „Zum Heiratsmarkt" kommen Kartoffeln aus Sachsendorf, Wildschwein von den Reitweiner Bergen, Eier aus dem Ort und viele andere Produkte aus der Region auf den Teller.

Und das taten sie. Sie kamen aus Frankfurt an der Oder und Küstrin mit dem Zug, aus der näheren Umgebung mit Kutschen oder einfach auf dem Pferd, sie kamen mit Fahrrädern, Motorrädern und zu Fuß. In den 1930er Jahren wurden sogar Sonderzüge von Frankfurt und Küstrin aus nach Reitwein eingesetzt. Bald reichte der Platz vor der Gaststätte nicht mehr aus, um die vielen Schausteller unterzubringen. Viele Buden standen am zweiten Gasthaus am anderen Ende des Dorfes. Das Vergnügungsunternehmen Koffert kam mit einem Güterzug von 120 Achsen aus Breslau.

Es gab mit Pferde- oder Menschenkraft betriebene Karussells, Berg- und Talbahnen, Luftschaukeln, mobile Lachkabinette mit Zerrspiegeln, „Hau den Lukas“, Würfel-, Los- und Schießbuden, Stände mit Süßigkeiten, Wurst und Eis, Pfann- und Spritzkuchenverkauf und Getränkeausschank. Wer seiner neuen Eroberung imponieren wollte, wagte sich auf eine Überschlagschaukel. 1938 brachte sogar eine Tierschau mit Löwen, Tigern, Elefanten und Affen einen Hauch Exotik ins Oderbruch.

Auch nach dem Zweiten Weltkrieg feierten die Reitweiner ihren Heiratsmarkt. In den 1960er Jahren stieß sich der Rat des Kreises allerdings am Namen des beliebten Volksfestes. Er passte nicht zu den Werten einer sozialistischen Familienpolitik. Nach langer Pause fand 1983 endlich der lang ersehnte erste Heiratsmarkt der Neuzeit statt. Bald danach konnten Heiratswillige sich sogar im „unordentlichen Standesamt“ für 24 Stunden trauen lassen. Wenn Sie noch nicht verheiratet sind, dann schauen Sie sich genauer um, denn beliebt ist die Gaststätte auch bei echten Hochzeitspaaren. Der Weg vom Ja-Wort zur Festtafel ist nur kurz: Das Gasthaus ist eine Außenstelle des Standesamts Lebus.

Wir nehmen nun den Weg links neben dem seit mindestens 1816 bestehenden Gasthaus. Er führt am Mühlenweg vorbei. Kurz hinter den letzten beiden Häusern liegt auf der linken Seite ein kleiner Acker.

Die Wildblume

Es macht den Anschein, dass hier „Unkraut“ in Reih und Glied wachsen darf. Aber seitdem naturnahes Gärtnern schwer im Trend liegt, wissen wir: Die schnöde als Unkraut abgestempelten Wildpflanzen sind unentbehrlich für den Naturhaushalt. Wir müssen in die Knie gehen, um den Zauber der kleinen Schönheiten aufzuspüren. Vielleicht blühen sie gerade, dann liegen sie vor uns wie farbige Teppiche: zartrosa Nelken, gelbe Strohblumen, lilafarbene Ackerwitwenblumen –

Reitwein im Vergleich

Berlin: 891,68 km²

Reitwein: 24,02 km²

oben: Reitweiner Heiratsmarkt in den 1920er Jahren

Wilde Landwirtschaft: Nina Keller

Für Nina Keller hat sich viel verändert im Leben, seit sie in Reitwein ihre Wild- und Schnittblumenzucht aufbaut. Zum Jubiläum 2016 geht ihr Betrieb ins dritte Jahr und sie hofft, dass er sich dann erstmals tragen wird. Sie fühlt sich wohl auf ihrem Hof an der Hauptstraße und auf ihrem Feld am Dorfrand: „Da find ich's schon verdammt schön. Wenn die Zugvögel darüber fliegen oder wenn die Blumen blühen, dann nehme ich mir auch die Zeit, mal nur zu stehen und zu gucken."

Dabei konnte sie der Landschaft anfangs nicht so viel abgewinnen. Sie ist in Baden-Württemberg aufgewachsen mit hohen Bergen und tiefen Wäldern. Mittlerweile liebt sie die Weite des Himmels und den Sporn. „Und ich bin gerne an der Oder, da ist es toll, eine Wildnis, das findet man nicht mehr oft in Deutschland."

Die Neu-Reitweinerin ist nach dem Abitur nach Berlin gegangen. Sie studierte Biologie und beteiligte sich an einem Loose-Hof-Projekt. Nach einem Praktikum in der Uckermark bei einer Frau, die Wildblumen anbaut, wusste sie: „Das will ich machen."

Zwei Jahren später fühlt sich der Schritt in die Selbständigkeit „meistens sehr gut an, zwischendurch aber auch sehr stressig". Der Papierkram ist beeindruckend und es ist schwierig, einen Rhythmus zu entwickeln und Zeit einzuplanen für das Abschalten. „Man wohnt ja ein Insektenparadies. Eine findige Biologin gründete vor wenigen Jahren eine Gärtnerei, die sich der biologischen Vielfalt verschrieben hat. In der Natur gesammeltes Saatgut wird hier ackerbaulich vermehrt und zum Beispiel bei der Renaturierung von Naturschutzgebieten eingesetzt. Dabei wird sorgsam darauf geachtet, dass das in der Natur gesammelte Genmaterial aus einer bestimmten Region stammt.

Auf der anderen Seite des Weges breitet sich eine Streuobstwiese aus. Wir biegen nun nach links in den hinter uns liegenden Weg ein. Nach ein paar Schritten treffen wir auf der rechten Seite auf einen kleinen Birkenhain. Kurz davor riskieren wir einen Blick über den Zaun. Hinter ihm liegt die Pension „Zur Alten Scheune“ mit einem charmanten Garten. Strauch-, Kletter- und Pfingstrosen, Hortensien und Phlox begrüßen die Pensionsgäste, oftmals Radtouristen, die sich von den Längen des Oder-Neiße-Radweges erholen.

Bevor wir in den Birkenhain einbiegen, haben wir die Möglichkeit für einen Abstecher geradeaus zum Friedhof. Im hinteren Teil mahnt die Deutsche Kriegsgräberstätte mit den im Zweiten Weltkrieg gefallenen Soldaten zum Frieden.

Foto links:
in der Fischerstraße

auch da, wo alles stattfindet, und ich hab´ das Gefühl, ich muss immer machen. Man wird nie fertig.“

Das Dorfleben und die Landwirtschaft haben ihren Tagesrhythmus verändert. Ernten soll man, wenn noch Tau ist im Sommer. „Man muss um vier aufstehen, denn bei den Temperaturen ist um elf schon Feierabend. Da brauch ich Zeit zum Aufwachen, ich bin eigentlich keine Frühaufsteherin.“ Früher in der Stadt war sie immer lange wach, mindestens bis Mitternacht, eins, halb zwei. Jetzt geht sie meist um neun oder zehn ins Bett.

Ihre Schnittblumen zieht Nina Keller auf ihrem Hof, typische Bauernblumen wie Eisenkraut, Atlas- oder Sonnenblume. Die verkauft sie in Berlin auf dem Markt. Kürzlich hat ein Laden bei ihr angefragt, der sich auf regional angebaute Blumen spezialisiert. „Bei Bioessen gibt's das schon ganz viel, bei Schnittblumen fängt es jetzt gerade an.“

Wenn alles gut läuft, will sie in Zukunft Leute einstellen, besonders zur Aussaat und Ernte. Aber auch das Unkrautfreihalten ist beim Saatgut sehr viel Arbeit: „Die Pflanzen sind mehrjährig, da kann man nicht im Herbst mal sagen, jetzt ist gut. Und sie müssen sehr gut geputzt werden, weil das Saatgut nichts wert ist, wenn es verunreinigt ist.“ Im Moment bewirtschaftet sie einen halben Hektar, aber sie sucht noch Land. Das Ziel sind drei Hektar, erst dann kann man gut davon leben.

Die Fische der Oder

Aal

Blei

Güster

Plötze

Wels

Zander

Rapfen

Barsch

Hecht

Döbel

Quappe

Die Fischerstraße

Wir befinden uns jetzt auf einem der drei Ableger der Fischerstraße. Der Name ist Beleg dafür, dass die Reitweiner in früheren Zeiten neben dem Ackerbau ihren Lebensunterhalt mit der Fischerei verdienten. Im Jahre 1400 war dieses Gewerbe so bedeutend, dass sogar der Pfarrer des Dorfes fischte und seinen Fang bis nach Müllrose verkaufte. Der Fischreichtum in dieser Sumpf- und Bruchgegend muss enorm gewesen sein, so groß, dass die riesigen Mengen gefangener Fisch nicht nur als Nahrung für die Menschen dienten. Fisch wurde mitunter auch an das Vieh verfüttert. Unvorstellbar, wenn man bedenkt, dass heute das Mitführen von mehr als zwei Angeln eine Straftat darstellt. Besonders fette Quappen wurden in schmalen Streifen in der Sonne getrocknet und anstelle des damals üblichen Kienspans als Beleuchtungsmittel benutzt.

Auch Oderkrebse gab es in Hülle und Fülle. Fisch war somit für die Reitweiner das Hauptnahrungsmittel. Er wurde in einem Fischkessel gekocht, der als der wichtigste Bestandteil eines Reitweiner Haushaltes galt, und dessen Vererbung gesetzlich geregelt war.

Angeln an der Reitweiner Oder

Die 15 Erwachsenen und zwei Kinder des Reitweiner Anglervereins haben es gut, meint Stephan Höferer. Der Brandenburger Angelpapst nennt die Gegend um Reitwein herum den schönsten Angler-Abschnitt an der Oder. Mal langsam, mal wild schlängelt sich der Fluss an Lebus vorbei gen Norden, durch die Hügel- und Auenlandschaft des Oderbruchs. Im Gegensatz zu anderen Oder-Abschnitten hat das Oderbruch zwar relativ wenige Angelgewässer zu bieten, die aber haben es in sich. Zum Beispiel die unscheinbare Alte Oder, hier auch Bullergraben genannt – ein schönes Flüsschen mit gutem Fischbestand.

Unter Quappenanglern zählt dieser Abschnitt zu den beliebtesten überhaupt: Große Fische weit über fünf Pfund wurden hier schon gefangen. Manche Quappenfreunde kommen sogar Jahr für Jahr den weiten Weg aus der Schweiz hierher, um Jagd auf ihren Lieblingsfisch zu machen. Doch nicht nur Süßwasserdorsche stehen bei den Oderanglern hoch im Kurs, auch Welse und Zander. Kaum ein Buhnenfeld, in dem sich keiner dieser Kameraden aufhält. Ebenso auf ihre Kosten kommen Liebhaber von Friedfischen: Wer auf Blei, Plötze, Güster oder Spiegelkarpfen aus ist, wird hier fündig.

Ausstellung „Bewegte Gestalten" mit Bildern der Berliner Malerin Elke Pollak im Trafo 1

Der Kunst-Trafo

Vor uns liegt, etwas versteckt zwischen den Bäumen auszumachen, eine ganz besondere Merkwürdigkeit. Trafofans reiben sich verwundert die Augen: In diesem Turm mit dem hübschen Zeltdach und den gelben Klinkersteinen befindet sich eine der kleinsten Galerien der Welt. 1935 wurde er gebaut, 20 Jahre, nachdem Reitwein mit dem Bau des ersten Trafos am Gutshof elektrifiziert worden war, und 18 Jahre, bevor auch die Ausbautengehöfte endlich ihren Anschluss bekamen. Die damals auf dem Lande üblichen Freileitungen wurden vom Turm zu den Hausgiebeln gespannt. Dafür mussten die Türme so hoch sein, dass Menschen, Vieh und Fuhrwerke gefahrlos unter den Kabeln hindurch kamen. Der heute noch nicht gänzlich abgeschlossene Übergang von der Ära der Freileitung zur Erdverkabelung besiegelte sein Schicksal.
Die vier Quadratmeter im nun leeren Trafoturm waren für den Fernsehjournalisten Michael Pommerening gerade groß genug, um hier die dritte Station seines Projekts „Kunst an ungewöhnlichen Orten" zu gründen. Er etabliert damit ein kunst-touristisches Dreigespann: Natur genießen, Kunst erfahren, Region erkunden. Die Galerie im Trafohäuschen hat immer geöffnet. Zu jeder Tages- und Nachtzeit können Interessierte per Knopfdruck das Innere beleuchten, dann startet eine Toncollage und sie können eine Handvoll Kunstwerke betrachten. Die sind aber immer nur ein Teil der Gesamtausstellung des jeweiligen Künstlers. Komplett wird der Eindruck erst mit einem Besuch im Wiegehäuschen in Dolgelin und dem Trafo 1 im 25 Kilometer entfernten Ort Regenmantel.

Reitweiner Kindergarten mit langer Tradition

Kinder mit ihren Erzieherinnen Frau Schröder, Frau Scheffler, Frau Kunigk und Frau Hanusa (1959)

Graf Rudolf Finck von Finckenstein war ein für das Wohl der Dorfbewohner Sorge tragendes Oberhaupt des Gutsbezirks Reitwein. Er sah, dass die Kinder seiner Tagelöhner herumstreunten, während die Eltern ihrer Arbeit nachgingen, und gründete, um sie in guter Obhut zu wissen, 1875 eine Kleinkinderschule, die 1884 in ein eigens dafür gebautes Heim einzog.

Ein Altenheim für ehemalige Gutsarbeiter gab es schon. Das sogenannte Feierabendhaus hatte sechs Stuben und wenn noch Platz war, wurden auch Greise aus anderen Gemeinden aufgenommen. Es gab zwei Krankenzimmer für Schwerkranke, die zu Hause nicht die nötige Pflege finden konnten, und eine kleine Apotheke. Für die Kleinkinderschule wurde kurzerhand das Gebäude um einen Anbau erweitert. Bald sammelte sich in den Vormittagsstunden eine fröhliche Kinderschar, und der Pfarrer Paul Schroeder konnte in seinen „Reitweinischen Merkwürdigkeiten" von 1904 nicht genug würdigen, dass die Insassen des Hauses durch regelmäßige Andachten, Bibel- und Missionsstunden ein gottesfürchtiges Leben führten. Geleitet wurde das Haus von zwei Schwestern des Berliner Elisabeth-Kranken- und Diakonissenhauses.

Gründer Graf Rudolf Finckenstein dachte vorausschauend, als er zusammen mit dem Bau des Hauses ein Kapital stiftete, aus dessen Zinsen ein großer Teil der Unterhaltskosten gedeckt werden konnte. Die Gemeinde hatte dadurch nur wenige Ausgaben, anders als viele andere ländliche Gemeinden.

Anfang der 1950er Jahre übernahm die Gemeinde die Einrichtung und eröffnete einen Erntekindergarten. Er war von April bis Oktober in Betrieb. Die Kinder gingen zum Mittagessen nach Hause und kamen danach zum Schlafen wieder. Ab 1958 wurden die Kinder das ganze Jahr über betreut. Ende der 1990er Jahre sollte die Kita geschlossen und nach Podelzig übernommen werden. Durch Zuzug neuer Familien stieg die Zahl der Kinder aber wieder – von 9 auf 20. Die Kita war gerettet.

Seit 2015 gibt es ein neues junges Kita-Team, das einen frischen, freundlichen und kraftvollen Wind und neue Ideen mitbringt. Ein Kita-Ausschuss wurde gegründet, in dem jeweils zwei Vertreter der Elternschaft, der Gemeinde und der Kita zusammenarbeiten. Zur Zeit werden 13 Kinder betreut. Graf Rudolf würde es sicher freuen, dass die Kleinkinderbetreuung in Reitwein nun seit etwa 140 Jahren existiert. Sie ist in der Region sicher die älteste Einrichtung.

Der Kindergarten

Kurz bevor wir auf die Hauptstraße treffen, fällt uns auf der linken Seite ein Backsteinbau auf, der wie eine kleine Villa aussieht: die Kita Birkenschlösschen. Das Gebäude wurde Mitte der 1880er Jahre als Heimstatt zugleich für die Jüngsten und Ältesten im Dorf errichtet, in einer Zeit, in der die damals existierenden Kinderbewahranstalten abgeschafft wurden und die pädagogische Konzeption von Friedrich Fröbel in neu gegründeten Kindergärten Einzug hielt. Noch bis 1860 waren Kindergärten vom preußischen Kultusministerium verboten worden aus Sorge um die „Heranbildung der Jugend zum Kommunismus“. Heute hat sich das Blatt gewendet: Die Bundesregierung sorgt sich gemeinsam mit vielen Eltern um eine ausreichende Zahl an Kitaplätzen. In Reitwein haben junge Familien für ihren Nachwuchs nicht nur einen Platz sondern auch eines der schönsten Gebäude im Ort.

Das Fischerhaus

An der Hauptstraße duckt sich ein weiterer Backsteinbau am Straßenrand: das Fischerhaus. Kyrillische Buchstaben machen uns neugierig. „Кто много болтает, то ...“ Der Rest des Satzes ist von der Wand gekratzt. Wer nun vergeblich nach seinem längst verschütteten Schulrussisch kramt, dem sei übersetzt: „Wer viel schwätzt, der ...“. Ermahnt wurden hier nicht redselige Nachbarn, sondern die Soldaten der Roten Armee, die auf dem Weg nach Berlin an diesem Giebel vorbeikamen und den Ort so schnell wie möglich hinter sich lassen sollten. Was allerdings mit den Geschwätzigen passieren würde, lässt sich nur erahnen.

Die Bedeutung des Fischerhauses aber liegt in seinem Inneren und geht vor die Schrecken des Zweiten Weltkriegs zurück. Das Fischerhaus verfügt über eine sogenannte schwarze Küche, wie sie bis Ende des 19. Jahrhunderts verbreitet war. Darin wurde gleichzeitig gekocht und im aufsteigenden Rauch der Feuerstelle geräuchert. Der Ruß färbte Wände und Abzug des kleinen fensterlosen Raumes pechschwarz.

„Am Reitweiner Sporn“

Auch die Gaststätte „Am Reitweiner Sporn“ hat eine lange Tradition. Anfang des 20. Jahrhunderts trafen sich hier Vereine und vor allem Gutsarbeiter, man konnte Billard spielen und mit dem Luftdruck-

Das Fischerhaus mit kyrillischen Buchstaben am Giebel.

Postkarte mit Sieberts Gasthof (oben links)

gewehr schießen. In einem großen Saal, der 1910 hinter dem Gasthaus angebaut wurde, fanden Tanzbälle statt. Mitunter führte eine Jugendgruppe unter der Leitung des Dorflehrers Theaterstücke auf. Ein besonderer Höhepunkt waren Zirkusvorstellungen mit Pferden. So viel Trubel ist heute nicht mehr, aber noch immer kommt man hier nach der Arbeit gerne auf ein Bierchen zusammen. Und im Sommer sitzen die Wander- und Radlergruppen, die auf ihrer Tour den Reitweiner Sporn herunterkommen, plaudernd auf der Terrasse.

Das Gasthaus liegt direkt am Wald, dort zieht es uns hin. Links

Gastronomie im Blut: Ricardo Dietrich

„Das Dorfleben hat Vorzüge und man sollte es auf jeden Fall mal erlebt haben. Ich kann nur sagen, wie's für mich war, und für mich war's gut."

Ricardo Dietrich ist Reitweiner, aber nicht nur. Er sagt von sich selbst: „Ich bin halb Stadt- und halb Dorfkind". Seine Familie lebt schon seit fünf Generationen in Reitwein, erst waren sie Bäcker, dann haben sie eine der beiden Gastwirtschaften im Ort geführt. Als Kind hat er mit seinen Eltern unter der Woche in Frankfurt gewohnt, ist dort zur Schule gegangen, am Wochenende war er in Reitwein bei den Großeltern. „Man hatte seinen Bekanntenkreis in der Stadt und man hatte seinen Bekanntenkreis hier. Das konnte man dann immer so ein bisschen aufteilen, und damit war ich sehr zufrieden." Wenn er sich aussuchen könnte, wo er leben will, zögert er nicht: „Reitwein. Ich ziehe das Dorfleben vor."

Seinem Dorf hat Ricardo immer die Treue gehalten. Nach der Ausbildung zum Rechtsanwaltsfachangestellten hat er einige Zeit in Dresden gearbeitet, ist aber jedes Wochenende nach Reitwein gekommen, um in der elterlichen Gastwirtschaft zu helfen. Die drei Stunden Fahrt haben ihn nicht abgehalten. Manche Cousins sind in den Westen gegangen, aber das kommt für ihn nicht infrage: „Was soll ich da?" Schließlich hat ihm auch Dresden nicht gefallen und jetzt ist er zurück und studiert Wirtschaft und Recht an der Viadrina. Am Wochenende trifft man ihn nach wie vor oft im „Reitweiner Sporn".

führt der Weg die alte Frankfurter Straße hinauf, ein Handelsweg aus dem Mittelalter, der von Leipzig kommend nach Frankfurt an der Oder, und von dort weiter über Reitwein nach Küstrin und bis nach Stettin führte. Schwer beladene Fuhrwerke und Planwagen quälten sich über den unbefestigten Weg und die Reitweiner verdienten nicht schlecht mit Spanndiensten, die sie an dem steilen Aufstieg leisteten. Im Laufe der Jahrhunderte bildete sich ein prächtiger und in dieser Region seltener Hohlweg heraus mit farnbewachsenen Hängen zu beiden Seiten.

Die Einladung zu einer Wanderung den Hohlweg hinauf zur **„Schönen Aussicht“** schlagen wir dieses Mal aus und stattdessen den Sandweg ein. An ihm steht links das sogenannte **„Bergschlösschen“**. Sein Name deutet aber nicht, wie zu vermuten wäre, auf Bewohner von erlauchtem Geschlecht hin. Der Volksmund ließ sich bei der Namensgebung für das inzwischen leider verfallende Gebäude wohl von zwei Aspekten inspirieren: einerseits

Und er kümmert sich um den Garten der Familie. Im Sommer kaufen die Dietrichs kaum mal etwas zu, das meiste, was in der Gaststätte gekocht wird, haben sie selbst angebaut, Gurken, Tomaten, Zucchini, Kartoffeln… „Wir haben sogar zwei Sorten: normale Kartoffeln und rote.“

Natürlich wünscht sich der Vater, dass Ricardo die Gaststätte einmal übernimmt. Lust hätte der schon und Visionen auch: „Uns gehört ein Teil von dem Hang hier, und ich hab schon überlegt: Eine Art Aufstiegsgarten mit einzelnen Terrassen hier am Hang, wo man sitzen kann und so was. Das würde mir persönlich gefallen, so ein bisschen im japanischen Stil mit kleinen Hecken...“ Aber er ist realistisch. Er weiß, für die Gastronomie braucht es entweder eine Familie, die mitmacht, oder es müssen genügend finanzielle Mittel da sein für Angestellte. Er hat sich auch schon einen „groben Plan“ überlegt, aber das ist Zukunftsmusik. „Erstmal mache ich das Studium zu Ende, und so schnell will mein Vater ja auch noch nicht aufhören“, er lacht, „der geht nie in Rente“.

Eines ist klar: Auch wenn es ihn, wie er sagt, in seinem neuen Studium gerade zum Wirtschaftlichen hinzieht, das Gastwirtschaftliche hat er im Blut. „Da ist man reingeboren. Das ist wie ein bestehender Lebensinhalt, das ist für mich normal und es macht mir auch Spaß. Ich bin gern mit Menschen.“

von der Lage am Hang. Andererseits war dies das erste Wohnhaus für Gutsarbeiter, das nicht aus Holz und Lehm, sondern aus Ziegeln gebaut wurde. Hier lebte es sich also – verglichen mit dem bisher gewohnten Standard – wie in einem Schloss.

Die Stüler-Kirche

Ihre besondere Lage ist Reitweins Markenzeichen. Stolz erhebt sich der Turm der Stüler-Kirche am Hang des Reitweiner Sporns und grüßt jeden Herannahenden. Sie ist nicht die erste Kirche, die an diese Stelle gebaut wurde. Schon im Mittelalter entstand hier nach der erstmals im Jahre 1414 erteilten Erlaubnis zum Kirchenbau ein Vorgängerbau an exponierter Stelle über dem Dorf. Das hatte vor allen Dingen einen praktischen Grund. Pastor Orth, der von 1727 bis 1783 Geistlicher der Kirchgemeinde in Reitwein war, schreibt dazu: „Die Kirche steht an dem Berge in der Höhe, welches seltsam scheinen möchte wegen jetziger Beschaffenheit des Dorfes. Sie ist aber dahin gebaut worden wegen der ehemals starken Überschwemmungen der Oder, welche sich in den alten Zeiten vielmals durch das Dorf ergossen hat." Der Reitweiner Gemeinde blieben dadurch vom Kahn aus gehaltene Predigten wie in Wriezen bei der großen Juliflut im Jahr 1736 erspart.

Kirche und Kirchbauverein

Nach ihrer Zerstörung 1945 gerät die Reitweiner Kirche zunächst in Vergessenheit. Noch in den 1970er Jahren ist die Ruine vor lauter Bauschutt kaum begehbar, das Innere und die Zuwegungen sind mit Bäumen zugewachsen. Der spätere Bürgermeister Karl-Friedrich Tietz sorgt dafür, dass die Kirche unter Denkmalschutz gestellt wird, und knüpft Kontakte für dringende Sanierungen. Erste Arbeitseinsätze werden organisiert.

Mit der Wiedervereinigung wird es möglich, Fördermittel zu beschaffen. Anfang der 90er Jahre stehen dann zunächst der Chorbereich und die Mauerwerkskrone des Kirchenschiffs im Vordergrund. 1994 gründet sich der gemeinnützige Kirchbauverein mit dem Hauptziel, die Sanierung der Kirchenruine und den Wiederaufbau des Kirchturms zu unterstützen. Der Architekt Hans Tulke fördert das Vorhaben mit großem fachlichem und persönlichem Engagement. Von 1998 bis 2000 gelingt es schließlich, den Kirchturm nach Originalangaben vollständig zu rekonstruieren. Ein Kraftakt. Mithilfe der Spenden kann der Kirchbauverein unter anderem zwei Bronzeglocken, drei Kirchturmuhren und den Großteil der Kirchturmkrönung finanzieren.

Mitte des 19. Jahrhunderts passte die Gemeinde nicht mehr in die kleine Kirche und so entschloss sich Rudolf Graf Finck von Finckenstein, den „Architekten des Königs“ Friedrich August Stüler mit einem Kirchenneubau zu beauftragen. Die Ausstattung der Vorgängerkirche wurde teilweise übernommen, so auch die mittelalterlichen Glocken, ein silberner Kelch mit innerer Vergoldung und ein Kruzifix von 1560. Am 25. August 1858 wurde der neogotische Backsteinbau geweiht.

Fast einhundert Jahre später geriet die Kirche bei den Kampfhandlungen in den letzten Wochen des Zweiten Weltkriegs zwischen die Fronten. Von ihr blieb nur eine Ruine, die dank des persönlichen Einsatzes des damaligen Pfarrers H.-G. Rieger gemeinsam mit dem Kirchengemeinderat in den 1970er Jahren nur knapp einer Sprengung entging. Nach der Wende begann der Wiederaufbau und in diesem Jahrtausend läuten die Glocken den Reitweinern wieder täglich um fünf vor sechs zum Feierabend.

Ein gemeinsamer Nutzungsvertrag zwischen Kirchen- und Kommunalgemeinde ermöglicht es heute, die Kirchenruine vielfältig zu nutzen. Neben kirchlichen Feiern – bei schönem Wetter finden hier etwa goldene Konfirmationen und Trauungen statt – haben sich in den Mauern des Kirchenschiffs auch beliebte weltliche Veranstaltungsreihen etabliert. Beim Reitweiner Musiksommer wird geschunkelt und mitgesummt. Das Repertoire reicht von Zickenumpa über kernigen Rock und feinen Blues bis zu Muttertagskonzerten mit Folklorechören. Auch der jährlich stattfindende Weihnachtsmarkt lockt Gäste von auswärts an den Fuß des Sporns. Wer der lauten, übervollen vorweihnachtlichen Jahrmärkte überdrüssig ist, ist in Reitwein genau richtig. Hier ist alles selbstgemacht: Landfrauenkuchen, Wildblumenkränze, Holzkunst und Aquarelle, Stockbrot und Bläsermusik.

Das Pfarrhaus

1879/80 wurde das Pfarrhaus errichtet, es war das fünfte einer Reihe

Stimmung beim Reitweiner Musiksommer und beim Gottesdienst

„Reitweiner AnSporn"

Der Name ist Programm: Für den 1992 gegründeten Heimatverein steht der Wunsch im Vordergrund, gemeinsam in Reitwein etwas zu bewegen, neue Ideen aufzugreifen und auch andere anzuspornen, sich am Dorfgeschehen zu beteiligen. Die 21 Gründungsmitglieder des „Reitweiner AnSporn e. V." waren sich einig, dass nicht Außenstehende über den Ort entscheiden, sondern das Dorf seine Geschicke selbst in die Hand nehmen sollte. Sie starteten mit konkreten Plänen: Erhalt des weit über die Ortsgrenzen hinaus bekannten Reitweiner Heiratsmarkts, Gestaltung einer Ortstafel zur Orientierung der Besucher und gleich zu Beginn die Veröffentlichung des ersten ortseigenen Heimatblatts. Das „Reitweiner Odergeflüster" erschien erstmals schon drei Monate nach Gründung des Vereins und informiert auch heute noch über den neuesten Klatsch und Tratsch.

Auf eine Initiative des Heimatvereins geht auch der beliebte „Reitweiner Musiksommer" zurück. Nach mittlerweile zwölf Jahren ist er zu einer festen Veranstaltung in der Stüler-Kirche und im Kalender der Musikliebhaber in der Region geworden. Der „Reitweiner AnSporn" lädt zudem regelmäßig ein zu Winterwanderungen, dem Boßeln, zu Verkehrsteilnehmerschulungen und Theatervorstellungen. Und er arbeitet mit allen Akteuren vor Ort zusammen: mit der Gemeinde, den anderen Vereinen, der Feuerwehr, dem Kindergarten, den Gewerbetreibenden und freiwilligen Helfern. Gemeinsam werden kulturelle und gesellschaftliche Aufgaben gestemmt, ob es der dörfliche Frühjahrsputz ist, das spätsommerliche Erntefest, der Weihnachtsmarkt in der Kirchruine oder der alljährliche Heiratsmarkt. Auch wenn letzterer nach mehreren verregneten Jahren leider zurzeit und übrigens nicht zum ersten Mal in seiner etwa 100-jährigen Geschichte ruht. Man darf gespannt sein, in welchem Gewand er sich in Zukunft von seiner Ruhepause erheben wird. Sicher wird auch der Heimatverein dann wieder seine Finger im Spiel haben.

Zunächst warten jedoch einige neue Projekte wie der im Jubiläumsjahr eröffnete Kunst-Trafo 3, die „Schwarze Küche" im Fischerhaus und auch die 700-Jahrfeier selbst auf den Verein und das ganze Dorf. Auch wenn ehrenamtliches Engagement nicht immer leicht mit dem Berufs- und Familienleben zu vereinbaren ist, die jahrelange Vereinsarbeit zeigt, dass eine Gemeinschaft stark und ausdauernd sein kann. Der Heimatverein ist aus dem Dorfleben in Reitwein nicht mehr wegzudenken.

von Pfarrhäusern, die allesamt an dieser Stelle standen. Der Pfarrgarten befand sich rechts neben dem Pfarrhaus. Hier standen einmal Maulbeerbäume, die Pfarrer Orth im 18. Jahrhundert zur Seidenraupenzucht angepflanzt hatte. Sicher war er damit der Forderung des Soldatenkönigs Friedrich Wilhelm gefolgt, die Bevölkerung möge Maulbeerbäume pflanzen und so im Nebenerwerb Seide produzieren. Der König wollte damit das Abfließen von Devisen aus Preußen verhindern. Heute wissen wir, dass 300 Jahre Seidenproduktion in Berlin und Brandenburg nicht zum erhofften Erfolg geführt haben.

Das Kirchenbuch von 1600 gibt Einblick in ein ausgeklügeltes System von Naturalien und Zuwendungen, die den Lebensunterhalt des Pfarrers bildeten und für den die Gemeinde aufzukommen hatte.

Im einstigen Pfarrhaus befindet sich nun im Obergeschoss ein Rüstzeitenheim, das von Jugendfreizeiten, Chören und Karatekids bevölkert wird. Da in der Stülerkirche keine Gottesdienste abgehalten werden, trifft sich die Kirchengemeinde in einem Andachtsraum im Erdgeschoss.

Einkünfte eines Pfarrers um 1600:

- *der Zehnte*
- *Johannesgarben,*
- *Bierzeitenpfennig,*
- *9 Taler aus der Kirchenkasse,*
- *8 Groschen für das Waschen des Talars,*
- *Ostereier,*
- *1 Pfund Wachs,*
- *von den Häuslern einen Hahn oder zwei Groschen,*
- *eine Holz- und eine Heufuhre von jedem Bauern*

Der Posaunenchor

In Reitwein spielt der Posaunenchor nicht nur musikalisch eine Rolle. Er verbindet das Nachbardorf Podelzig, gelegen auf dem Reitweiner Sporn, mit dem Oderbruchdorf zum „Posaunenchor Podelzig/Reitwein". Seit der Gründung im Jahr 1967 überwinden die Bläser jede Woche die nicht gar so gewaltigen 65 Höhenmeter auf- oder abwärts, um gemeinsam zu proben oder aufzuspielen. Mit dem Abbau von Pfarrstellen nimmt die Bedeutung der Bläser für das Gemeindeleben immer weiter zu. Ihr Chor ist allzeit einsatzbereit, und die Posaunenmusik erklingt bei Festen, bei Jubiläen, Gottesdiensten und Geburtstagen, aus dem Rüstzeitenheim, der Gaststätte, der Kirche, aus diesem und jenem Garten und an den Kriegsgräberstätten. Das gemeinschaftliche Musizieren passt fast immer und ist generationenübergreifend und verbindend.

▴ 2015

◂ 1968

Auf einer Grußpostkarte von Reitwein ist unten links die gräfliche Villa zu sehen.

Die gräfliche Villa

Neben dem Pfarrhaus unterhalb der Kirche entdecken wir eine weltliche Nachbarin. Rudolf Graf Finck von Finckenstein ließ die gräfliche Villa 1880 errichten. Sie sollte sein Alterssitz werden, doch dazu kam es nicht. Als erste Bewohnerin zog nach seinem Tod seine dritte Frau, Gräfin Luise von Bernstorff aus Gartow an der Elbe, ein. In Erinnerung an ihre Heimat waren die Giebel mit geschnitzten Pferdeköpfen verziert. Später wohnte Enkelin Gertrud mit Mann Curt Adolf von Wittich und ihren Kindern dort, bis sie 1939 ins Schloss zogen.

Nach dem Krieg ging es nicht mehr gräflich zu in der Villa. Familie von Wittich war enteignet worden und hatte Reitwein verlassen müssen, und wie überall in der DDR waren die Finanzen knapp. Sein schmuckes Äußeres erhielt das Gebäude erst wieder, als Günther Alexander von Wittich nach der Wende an den Ort seiner Kindheit zurückkehrte, die Villa zurückkaufte und sanierte.

Zuvor hatten die Räume einen neuen Belegungsplan erhalten. Bis 1962 waren hier der Schulhort, ein Versammlungsraum, eine Bibliothek untergebracht. Später logierte im Souterrain der Dorf-Friseur, oben waren Wohnungen eingerichtet und das Erdgeschoss wurde vom Bürgermeister samt Verwaltung belegt. Wie viele Orte in Ostdeutschland hat Reitwein über die Jahrhunderte und besonders seit Beginn des 20. Jahrhunderts viele Formen der politischen Herrschaft erlebt. Mit der Staatsform und den Regierenden auf der obersten Ebene änderten sich auch immer die Rahmenbedingungen im Lokalen.

Selbst die Dorfältesten sind heute zu jung, um im Kaiserreich, in der Weimarer Republik oder während der Nazi-Diktatur politisch mitgemischt zu haben. Aber auch ein Blick in die nähere Vergangenheit lohnt sich. Diejenigen, die sich in den letzten Jahrzehnten in Reitwein engagiert haben, die in Politik oder Verwaltung mit über das Schicksal des Dorfes entschieden haben, können von genügend Veränderungen erzählen. Und sie sind sich in einem Punkt einig: Insgesamt wird es eher komplizierter als einfacher, ein Dorf wie Reitwein zu gestalten. Manche neuen Möglichkeiten und Spielräume wären zu DDR-Zeiten undenkbar gewesen, auf der anderen Seite sind die Auflagen und Verfahrensweisen heute zunehmend komplex und unübersichtlich.

Boden-, Struktur- und Verwaltungsreformen hat es immer gegeben, aber seit den großen Umwälzungen der Wiedervereinigung folgen sie schnell aufeinander. Auch die derzeitige Konstruktion wird nicht mehr lange Bestand haben. Noch ist Reitwein politisch eine eigenständige Gemeinde, die vom Amt Lebus zusammen mit anderen Gemeinden gemeinschaftlich verwaltet wird. Der Landesregierung sind Gemeinden wie Reitwein inzwischen aber zu klein und Verwaltungseinheiten wie das Amt Lebus auch. In den nächsten Jahren wird sich Reitwein deshalb Verbündete suchen müssen, mit denen es sich zu neuen Einheiten zusammenschließt. Dann wird es auch keinen Bürgermeister mehr geben, sondern einen Ortsvorsteher oder eine Ortsvorsteherin.

Der Reitweiner Bürgermeister

Karl-Friedrich Tietz ist der vermutlich letzte Bürgermeister Reitweins, ein Ehrenamt, das er schon viele Jahre ausübt. Seit den 1970ern ist er durchgängig Mitglied der Gemeindevertretung und des Gemeindekirchenrats, 1990 wurde er erstmals Bürgermeister, 1993 erstmals in dieses Amt gewählt. Und er ist es mit einer einzigen Unterbrechung bis heute geblieben.

Reitweins Bürgermeister ist stolz darauf, dass es gelungen ist, die Ruine der Stüler-Kirche am Sporn zu erhalten und sogar den Turm wieder aufzubauen. Die häufig geäußerte Meinung: „Den Heiratsmarkt wird es nie wieder geben" motivierte ihn, sich für die Wiederbelebung des Traditionsfests zu engagieren. Mitte der 80er Jahre war es soweit: Über 10.000 Besucher strömten nach Reitwein. Auch die vielen neuen Straßen auf dem Gemeindegebiet fallen zum größten Teil in seine Amtszeit. 1986 wurde als erstes der Triftweg in sogenannter Nachfeierabendtätigkeit als Betonstraße befestigt, andere Straßen folgten. Nach der Wende ermöglichten Dorferneuerungsmittel, Hochwasserprogramm und Bodenneuordnung umfangreiche Straßensanierungen.

Fragt man ihn nach seinen Ratgebern, denkt Karl-Friedrich Tietz zuerst an seine Mutter, die ihm lange „eine angenehme Wegbegleiterin" war. Irene Tietz ist beeindruckende 98 Jahre alt geworden. In der kollektiven Dorferinnerung gilt sie als die Reitweiner Rekordhalterin in Sachen Langlebigkeit. Nicht ganz so lange, aber immerhin 20 Jahre, spielte Karl-Friedrich Tietz Fußball in der Männermannschaft von „Traktor Reitwein.

Der Bürgermeister hat sich mit den Jahren Kenntnisse und Fähigkeiten „abgeguckt und angeeignet", sagt er, die er in der Gemeinde und im Privaten einsetzt, „um zu gestalten". Eine gestalterische Fähigkeit hat sich der Bürgermeisters während seiner Wehrdienstzeit nebenbei erworben, und sie mag manchen Reitweiner überraschen: „Ich würde auch heute noch einen Herrenhaarschnitt hinbekommen", schmunzelt er. Wer weiß, vielleicht nimmt ihn ein mutiger Reitweiner im Jubiläumsjahr beim Wort.

Als der Krieg Reitwein heimsuchte

Russische Panzer überquerten im Februar 1945 auf Behelfsbrücken die Oder.

Wer sich aufmerksam in Reitwein umschaut, wird Zeugnisse für ein Ereignis finden, dass Reitwein im Frühjahr 1945 mit der ganzen Wucht des Todes und der Zerstörung erfasste. Noch heute sieht man Ruinenreste, Einschüsse an Gebäuden und Grabsteinen, Bunkerlöcher und Schützengräben im Wald; sogar Geschosssplitter auf Sandwegen. Aber wie erlebten die Einwohner den Krieg?

Mit Beginn des Krieges am 1. September 1939 wurden bestimmte Waren des täglichen Bedarfs rationiert, Pferde und private Pkws requiriert, die Metallzäune vom Friedhof und eine Kirchenglocke wurden abgeholt. Mit der Zeit kamen Fremdarbeiter aus dem Osten, Kriegsgefangene aus der Sowjetunion, Frankreich und Italien. Es wurde zu Spenden aufgerufen. Der Briefträger brachte 59 Meldungen von gefallenen Soldaten. Zum Ende des Krieges kamen zunehmend ausgebombte Familien aus Großstädten, und der Flüchtlingsstrom aus Osten wurde größer. Ende Januar 1945 kamen immer mehr flüchtende deutsche Soldaten abgehetzt durch Reitwein. Geschützdonner war schon aus Richtung Küstrin zu hören. Viele Reitweiner hatten heimlich Fluchtvorbereitungen getroffen. Für den Ort gab es aber keinen Räumungsbefehl. Die NS-Propaganda tönte, dass der Russe nicht über die Oder kommt, obwohl zwischen Frankfurt und Küstrin keine Militäreinheiten stationiert waren. Die Reitweiner mussten sich entscheiden zu bleiben oder Haus und Hof zu verlassen und das eigene Leben zu retten.

Am 2. Februar 1945 kommen die Soldaten der Roten Armee über die zugefrorene Oder. Sie suchen in den Häusern deutsche Soldaten und Waffen, wollen etwas essen oder manchmal nur trockene Wollstrümpfe. Am Abend kommt deutsches Militär nach Reitwein und drückt die Russen bis an den Ostrand des Ortes. Die Oder wird von deutschen Stukas beschossen. Am 3. Februar gehen die Reitweiner auf die Flucht. Die Einwohner der Ausbauten kommen nicht mehr frei und werden über die Oder getrieben. Insgesamt kommen in der ersten Februarwoche 50-60 Reitweiner ums Leben.

Die 8. Gardearmee unter Generaloberst Tschuikow bringt große Mengen an Soldaten und Kriegsmaterial über die Oder. Es gibt erbitterte Kämpfe im Ort und auf der Spitze der „Reitweiner Nase". Etwa am 9. Februar ist Reitwein vollständig in der Hand der Russen. In den nächsten Wochen toben heftige Kämpfe, in denen sich die deutsche Seite immer weiter zurückziehen muss.

Ende Februar ist Wuhden zu Hundert Prozent zerstört und von den Russen eingenommen. Am 2. März gibt es seitens der Roten Armee einen größeren Angriff, jetzt ist in etwa die ehemalige R112 die Frontlinie, während Podelzig und Klessin auf der Höhe in deutscher Hand sind. Auf der „Reitweiner Nase" haben sich die Sowjetsoldaten Bunker in die Erde gebaut und Tschuikow den vorgezogenen Gefechtsstand im Tränkegrund errrichten lassen. Anfang März liegen die Russen nördlich von Podelzig und um Klessin. Inzwischen haben sie mehrere Brücken über die Oder gebaut, die von deutscher Seite immer wieder beschossen werden. Vom Klessiner Schloss aus kann der Brückenbau besonders gut beobachtet werden. Deshalb wollen die Russen Klessin unbedingt einnehmen.

Inzwischen ist auch Küstrin gefallen und für die Erste Weißrussische Front unter Marschall Shukow das Oderbruch als Aufmarschfläche für die bevorstehende Schlacht erobert. Die deutsche 9. Armee unter General Busse hat mehrere Linien unter- und oberhalb der Seelower Höhen ausgebaut. Für die Rote Armee sind sie das letzte Hindernis auf dem Weg nach Berlin.

Am 16. April 1945 befehligt Marschall Shukow vom Reitweiner Höhenzug aus den Angriff auf die Seelower Höhen. Ein mörderischer Artilleriebeschuss bedeckt die deutschen Linien. Am Abend des ersten Kampftages werfen beide Seiten ihre Reserven in die Schlacht. Am zweiten Tag ist noch keine Entscheidung gefallen. Erst am dritten Tag durchbrechen die Sowjetsoldaten die Linien des Gegners. Der Weg nach Berlin ist frei!

Diese Schlacht um die Seelower Höhen war die größte Schlacht im 2. Weltkrieg auf deutschem Boden. Am 8. Mai 1945 war der Krieg zu Ende. Zaghaft kehrten die Flüchtlinge in ihre Orte zurück. Je näher sie der Oder kamen, desto schlimmer waren die Verwüstungen.

Der Kirchturm war abgeschossen, die Windmühle weg, der Bahnhof und das Beamtenhaus zerstört. Viele Dachstühle waren abgebaut. Kein Gebäude war unversehrt, die Fenster kaputt, oftmals Türen und Dielung weg. Viel Unrat lag herum, aber besonders Kriegsgerät, Kartuschen und Munition aller Art. Tote Soldaten und Pferdekadaver gehörten zum Gesamtbild. Es waren keine Tiere oder Lebensmittelvorräte mehr vorhanden. Auch das Saatgut war weg. Auf den Feldern und im Wald gab es Bunker und Schützengräben in Massen, dazwischen viele verminte Flächen. Der Wald war entweder abgeholzt oder die Bäume zerschossen.

Es war eine katastrophale Lage für die Rückkehrer. Seuchen breiteten sich aus. Viele Reitweiner hungerten im Winter 1945/46. In Deutschland gab es keine ländlichen Gebiete, die unter dem Krieg so zu leiden hatten wie die Dörfer an der Oder.

Am ehemaligen Bahnübergang befindet sich das letzte Feldgrab im Oderbruch. „Nach erhaltenen Aufzeichnungen eines lieben Kameraden bettete man etwa an dieser Stelle die sterbliche Hülle unseres teuren, unvergeßlichen Sohnes und über alles geliebten Bruders Werner Müller."

Sowjetische Kriegsgräberstätte

Wir wenden uns um. Ein roter Stern leuchtet uns entgegen. Unmittelbar nach Ende des Zweiten Weltkriegs wählte ein sowjetischer Offizier das Areal im Schlosspark zu Füßen der beschädigten Reitweiner Kirche als Platz für einen Friedhof zu Ehren der bei der berüchtigten „Schlacht um die Seelower Höhen" gefallenen sowjetischen Soldaten. Knapp eine Million Rotarmisten hatte sich im April 1945 gegen den Widerstand von 120.000 deutschen Soldaten den Weg nach Berlin erkämpft. Nach nur vier Tagen waren Zehntausende deutsche, sowjetische und polnische Soldaten gefallen.

In Reitwein und den umliegenden Dörfern bot sich ein Bild der Verwüstung. Die Hälfte der Gebäude war stark zerstört. Überall Bombentrichter, Bunker und Gräben in den Gärten, auf Feldern, im Wald. Es gab fünf große Massengräber, viele notdürftige Einzelgräber. Die zurückkehrenden Dorfbewohner fanden auch unbestattete Leichen. Im Sommer 1947 halfen hauptsächlich die Frauen des Orts, die etwa 3.000 Gefallenen der Roten Armee aus allen bekannten Grabstätten in dieses Sammelgrab umzubetten.

Das Trauma des Krieges wirkt bis in die Gegenwart. Auch heute gelten noch viele Soldaten des Zweiten Weltkriegs als verschollen. Besonders die Gegend um Klessin war hart umkämpft, dort liegen vermutlich noch unzählige Tote „nur kurz unter der Grasnabe", schätzt Albrecht Laue, der Vorsitzende des 1992 gegründeten Vereins zur Bergung Gefallener in Osteuropa. Seine 200 ehrenamtlichen Mitglieder wollen den Toten, egal welcher Nationalität, ihren Namen und ihre Würde zurückgeben.

2013 hat es nach Jahrzehnten erstmals wieder eine Einbettung auf dem Sowjetischen Soldatenfriedhof in Reitwein gegeben. 29 bei Klessin gefundene tote Sowjetsoldaten wurden feierlich beigesetzt. Weitere Beisetzungen sind vorgesehen.

Alter Gutshof

Wir lassen den Friedhof hinter uns und spazieren den Hathenower Weg entlang des alten ehemali-

Sowjetische Kriegsgräberstätte

gen Gutshofsgeländes Richtung Westen. Lange Zeit wurde das Gut Reitwein von Administratoren und Pächtern verwaltet, bevor Rudolf Graf Finck von Finckenstein 1842 durch seine Heirat mit der Erbin Erdmuthe von Burgsdorff die Führung übernahm. Er fand es in einem schlechten Zustand vor, nicht zuletzt auch, weil ein Brand 1824 das halbe Dorf und den gesamten Gutshof zerstört hatte.

Der gerade einmal 29 Jahre junge Graf bewies unternehmerisches Geschick und legte den Grundstein für einen florierenden Agrarbetrieb. Die Errichtung einer Ziegelei brachte billiges Baumaterial, um viele Gebäude und Stallungen aufzubauen. Im Laufe der Jahre wurde der Gutshof ständig erweitert. Ende des 19. Jahrhunderts wurde für den Abtransport der Produkte eine Straße vom Gutshof direkt zum Bahnhof gebaut – der heutige Zwingerweg. Die Namensgebung lässt vermuten, dass der große Gutshof wie eine Zwingburg wirkte.

1907 gehören zum Gutshof: 616 ha Ackerfläche, 200 ha Wald, 50 Pferde, 160 Rinder, 600 Schafe, 120 Schweine. Später kamen noch eine Molkerei und eine Brennerei hinzu. 1914 wurde Reitwein an das Stromnetz angeschlossen, ein Trafoturm stand nun in der Nähe des Inspektorhauses. Ab 1921 war Reitwein unter „Podelzig 1“ telefonisch erreichbar, vermutlich war das der erste Fernsprecher der Region. Heute ist das Dorf wieder Vorreiter in Sachen Telekommunikation und wird von vielen Orten in ländlichen Regionen für seine superschnelle Internetverbindung beneidet.

In den 1930er Jahren hatte das Gut beeindruckende Ausmaße: mit 8 großen Wirtschaftsgebäuden, dem Inspektorhaus, 2 Wohnhäusern für Rechnungsführer, Gärtner, Schmied, Stellmacher und Schäfer und 9 weiteren Häusern. Rund um den Reitweiner Sporn verteilt lagen das Forsthaus, die Schnitterkaserne, das Vorarbeiter-Haus, das Bergschlösschen und 2-, 4-, 6- und 8-Familienhäuser für Gutsarbeiter.

Heute sind nur noch einzelne

Bodenfläche in Reitwein 2016

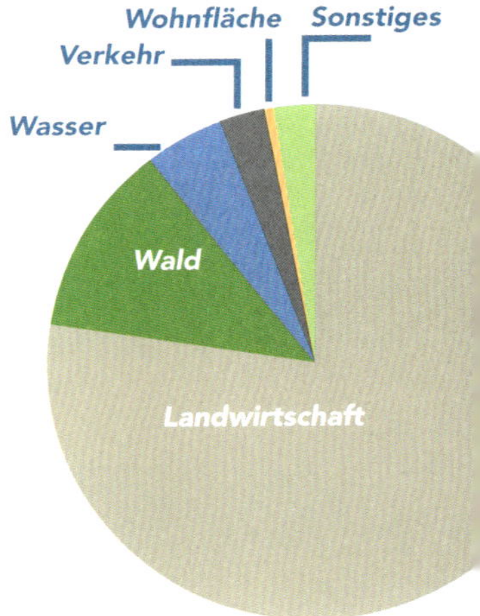

Die Gespannarbeit wurde größtenteils von Ochsen geleistet, Pferde hingegen wurden für leichtere Arbeiten eingesetzt.

Foto rechts: Heute steht nur noch ein Bruchteil des alten Gutshofes. Im Hintergrund sind das ehemalige Inspektorhaus, der Trafo-Turm und der ehemalige Speicher zu sehen.

Teile zu erkennen. Nach dem Krieg wurden die Wirtschaftsgebäude trotz nur recht geringer Schäden zum Abriss freigegeben. Die in den 1950er Jahren gegründete Landwirtschaftliche Produktionsgenossenschaft wurde im Norden Reitweins neu aufgebaut.

Versuchen wir trotzdem, uns die Dimensionen des einstigen Gutshofs vorzustellen: Die Mauerreste der Brennerei zum Beispiel stehen im Hathenower Weg. Ihr gegenüber befindet sich der Spirituosenkeller, in dem die Fässer mit dem Hochprozentigen bis zum Abtransport gelagert wurden. Das ehemalige Inspektorhaus wurde in den 1990er Jahren saniert und ist heute ein Mehrfamilienhaus. Ihm gegenüber steht der Trafoturm.

Im denkmalgeschützten Kuhstall und späteren Speicher hat die Reitweiner Feuerwehr eine Bleibe gefunden. Man sieht dem zum Teil baufälligen Gebäude nicht an, dass es von einer besonderen Art Gewölbe getragen wird. Zur Herstellung der sogenannten Böhmischen Kappe wurden Ziegel verwendet, die entweder in ringförmigen Schichten oder schwalbenschwanzförmig versetzt verarbeitet wurden. Das Tragverhalten ähnelt dem des Kreuzgewölbes.

Gebäude des Reitweiner Gutes1939

davon heute noch vorhanden

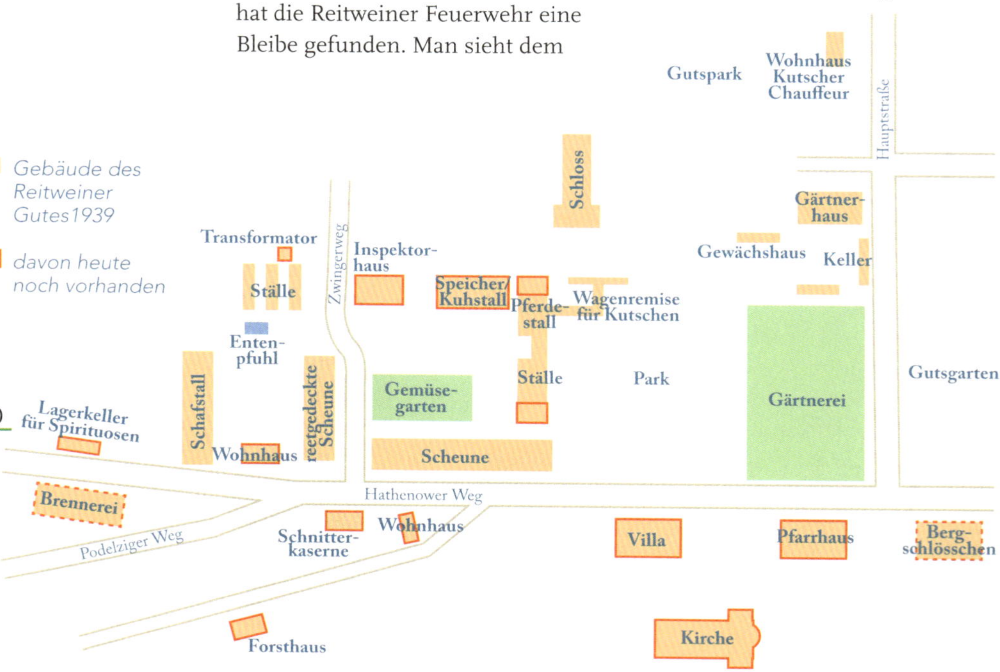

Im Reitweiner Speicher lastet das Gewicht auf Säulen aus grauem Granit. Neben dem Gut florierte das Dorf dank der vielen fleißigen Bauern, Handwerker, Händler und hart arbeitenden Frauen, die sich und die Bevölkerung mit allem Nötigen versorgten. Bis zur Mitte des 20. Jahrhunderts war ein autarkes Leben in Reitwein möglich. In den 1930er Jahren hatte Reitwein bei 850 Einwohnern beeindruckende: je drei Kolonialwarenläden, Bäckereien und Fischer, zwei Fleischer, und ebenso viele Schuhmacher, Stellmacher, Schmieden, Mühlen, Sägewerke, Gasthöfe und Friseure. Außerdem eine Viehhandlung, ein Fahrradgeschäft und je einen Tischler, Sattler, Korbmacher und Maurer. Heute ist die Zahl der Gewerbetreibenden wie überall zurückgegangen, aber Liebhabern von Keramik sei ein Abstecher zu Marina Blumenhagen in den Hathenower Weg 21 empfohlen. Seit über 25 Jahren fertigt die Töpferin im umgebauten Stall ihres Elternhauses ihre spezielle Wiesenkeramik. Inzwischen ist auch die Tochter in den Familienhandwerksbetrieb eingestiegen. Inspiriert von der Natur verwenden die beiden Kräuter als Dekor für Tassen, Teller, Vasen und mehr.

Wiesenkeramik
Bei Besuchen am Wochenende bitte vorher anrufen.

Die Freiwillige Feuerwehr

Es brennt selten in Reitwein. Zum Glück. Unfälle sind noch seltener. Im Jahr 2015 musste die Freiwillige Feuerwehr von Reitwein zu drei Einsätzen ausrücken, der letzte Unfalleinsatz liegt einige Jahre zurück. Dennoch ist für Reitwein mit seiner idyllisch abgeschiedenen Lage die Freiwillige Feuerwehr besonders wichtig. Und in den rund 90 Jahren ihres Bestehens hat sie auch schon einiges geleistet: Die Chronik berichtet von einem Scheunenbrand durch Blitzeinschlag 1937, brennenden Heuschobern und Ställen in den 1970er Jahren und von 13 Flächenbränden plus brennendem Bienenhaus 1992. Besonders gefordert wurde die Feuerwehr wie auch der gesamte Ort beim Oderhochwasser 1997. Damals waren alle tagelang im Einsatz und die Katastrophe konnte abgewehrt werden. 2006 wurde der vordere Teil des alten Gutsspeichers für 200.000 Euro umgebaut und der Freiwilligen Feuerwehr als neues Gerätehaus übergeben. Im folgenden Jahr stellte Erich Schulz einen Rekord auf: Seine 70-jährige Dienstzeit war die längste im gesamten Amt Lebus. Heute hat die Feuerwehr 16 Mitglieder, und wenn sie gerade niemanden retten oder Gefahren abwenden, dann bereichern sie bei Festen und Veranstaltungen das Dorfleben.

Das Schloss

Während der alte Speicher Zukunftsfantasien anregt, ist ein kulturelles Erbe ganz in der Nähe für immer verloren. Eine Hainbuchen-Hecke zeichnet die Umrisse des Reitweiner Schlosses nach und hilft uns, es vor unserem geistigen Auge wieder auferstehen zu lassen. Informationstafeln erzählen von der Geschichte Reitweins und des zerstörten Gebäudes.

Schon Anfang der 1670er Jahre hatte der damalige Gutsherr Joachim Erdmann von Burgsdorff das Reitweiner Schloss mit einem die Symmetrie betonenden Mittelrisalit erbauen lassen. Dralle Putten wiesen den Besucher am Eingangsportal auf zwei Wappen hin: Er betrat das Haus derer von Burgsdorff und derer von Schlieben. Für die aufwändigen Stuckverzierungen an den Decken konnte der Bauherr den damals weithin bekannten und begehrten Schweizer Baumeister und Stuckateur Giovanni Simonetti verpflichten, der auch die Leipziger Handelsbörse, das Schloss Oranienburg und die Magdeburger Dompropstei mitgestaltet hat.

Das barocke Herrenhaus war durch den Krieg in der Substanz nicht angegriffen worden, aber es widersprach der Ideologie des Arbeiter- und Bauernstaates. In der Nachkriegszeit wurden im Reitweiner Schloss Flüchtlinge untergebracht und Düngemittel gelagert. Als in den 1960er Jahren die erste Abrissbirne in die Nordfassade einschlug, war die andere Seite des Gebäudes noch immer bewohnt. Die Trümmer begruben Bilder und Bücher unter sich und viele andere Zeugnisse einer vergangenen Epoche.

Die Erinnerungen aber haben die DDR überlebt. Beispielsweise jene an den höchsten Besuch, den

Aquarell vom Schloss und der Kirche von C. G. Gemeinert

Das Reitweiner Schloss links im 19. Jahrhundert und rechts kurz nach dem Krieg.

das Schloss und Reitwein je erlebt haben dürften. Kein Geringerer als Friedrich der Große schlug während des Siebenjährigen Krieges hier sein Lager auf. 1759 erlitt die preußische Armee bei Kunersdorf eine verheerende Niederlage. Durch große Verluste militärisch stark geschwächt, erwartete der König den Untergang Preußens. Historiker nehmen an, dass er selbst mit Todesgedanken rang. Die ersten für sein Leben und das Schicksal Preußens entscheidenden Tage nach der Schlacht verbrachte König Friedrich II. im Reitweiner Schloss.

Nicht restlos zweifelsfrei ist dagegen der Aufenthalt von Königin Luise zu belegen. Die Biografin Luise Mühlbach berichtet in „Napoleon und die Königin Luise" von der Flucht vor französischen Kolonnen. Dabei hielt die Kutsche der Königin auch in Reitwein, um beim Amtsmann die Pferde zu wechseln. Dieser sah allerdings seine letzte Gelegenheit, um selbst vor den Franzosen zu fliehen. Er nahm heimlich den hinteren Torweg, um mit den einzigen verfügbaren Pferden zu türmen, während die Königin vergeblich vor seinem Haus wartete.

Die Begebenheit könnte sich aber auch in Bärwalde oder in Bärfelde zugetragen haben, was wir in Anbetracht der unrühmlichen Ermangelung an Beistand gerne glauben wollen.

Wenden wir uns greifbareren Dingen zu. Etwa dort, wo sich einst das Billardzimmer befand, steht heute ein behauener Findling. Er stammt aus Zeiten, in denen Sonnenliegen für die Ewigkeit gebaut wurden, die Jahreszahl in der Rückenlehne verrät uns, dass das 1684 war. Der Anlass für diese schweißtreibende Steinmetzarbeit war vermutlich die Hochzeit der Schlossherren-Tochter Lucia Margaretha von Burgsdorff. Jene, die Platz nehmen, werden überrascht sein, wie bequem er ist und – wenn er von der Sonnenwärme aufgeladen ist – wie angenehm er den Rücken wärmt.

Steinerner Stuhl von 1684

Die Familien Graf Finck von Finckenstein und von Wittich auf Reitwein

Zwei große adlige Familien haben Reitwein in den vergangenen Jahrhunderten mit geprägt: von 1666 bis 1849 die Freiherren von Burgsdorff und von 1849 bis 1945 die Grafen Finck von Finckenstein und Familie von Wittich. Der erste Graf Finckenstein auf Reitwein war Rudolf Graf Finck von Finckenstein, der Urgroßvater des heute in Reitwein lebenden Günther Alexander von Wittich und Urenkel des Begründers des brandenburgischen Astes der Grafen Finckenstein und Ministers Friedrichs des Großen: Karl Wilhelm Graf Finck von Finckenstein.

Geboren wurde Rudolf Graf Finckenstein 1813. Im Alter von 29 Jahren heiratete er Erdmuthe Amalie von Burgsdorff, der das schöne Rittergut Reitwein als Mitgift übertragen wurde. Nach nicht einmal sieben kinderlosen Ehejahren starb Erdmuthe Amalie und hinterließ ihrem Mann das Gut als Erbe. Zwei Jahre später heiratete Rudolf Elise von Röder, mit der er acht Kinder hatte. Mit der Familie wuchs auch das Schloss, ein Barockbau aus den Jahren um 1685, den Rudolf bei seiner Ankunft in Reitwein bereits hatte sanieren lassen. Rudolf baute an, so dass das Gebäude, bisher rechteckig, zu einem T-förmigen Grundriss erweitert wurde.

Doch dies war nur der Anfang. Rudolf Graf Finckenstein ist ein bedeutender Bauherr in der Geschichte Reitweins. Er ließ viele Gebäude errichten, die zum Teil noch heute das Ortsbild prägen. Allen voran die Kirche im neugotischen Stil auf halber Höhe am Nordrand des Reitweiner Höhenzuges, bei dessen Neubau ihn die Gemeinde mit den Bauern stark unterstützte. Als Architekten engagierte Graf Rudolf den bekannten Berliner Hofbaurat Stüler, der ein Schüler Schinkels war. Gleichzeitig setzte Rudolf damit seiner ersten Frau in ihrem Heimatort ein Denkmal.

Sein Wirken beschränkte sich aber nicht nur auf Reitwein: Als Rechtsritter des Johanniterordens leitete Rudolf den Umbau des Ordensschlosses in Sonnenburg und den dortigen Neubau des Krankenhauses. Er gründete den Verein für Innere Mission im Kreis Lebus: In einem „Rettungshaus" für Knaben am Ostrand von Reitwein und in einem solchen für Mädchen in Wilmersdorf bei Madlitz wurden verwahrloste Kinder aufgenommen, um sie nach den Lehren des Theologen, Sozialpädagogen und Reformers Johann Hinrich Wichern zu erziehen. Rudolf Graf von Finckenstein war langjähriger erster Kreisdeputierter des Kreises Lebus, Mitglied des Kreistages und des Provinzial-Landtages.

Seine zweite Ehefrau, die Urgroßmutter von Günther von Wittig, starb 1864 nach 13-jähriger Ehe am Geburtstag ihres Mannes. 1866 heiratete er seine dritte Frau, Luise Gräfin von Bernstorff. Mit ihr hatte er noch einmal drei Kinder. Er selbst starb zwanzig Jahre später, bevor er in seinen Alterssitz, die Villa, einziehen konnte.

Sein Erbe war der älteste Sohn aus zweiter Ehe Günther Rudolf Graf Finck von Finckenstein. Dieser widmete sich im Wesentlichen der Anlage des Parks sowie der Aufforstung des Reitweiner Waldes, wie wir ihn heute kennen. Die Berghänge waren bis dahin kahl gewesen und dienten vorwiegend als Viehweide. Die steil abfallenden Osthänge, die völlig verkarstet waren und auch nicht als Viehweide nutzbar, ließ er mit Robinien bepflanzen. Das war zunächst sehr mühsam und es dauerte lange, bis sie Wurzeln schlugen und sich verbreiteten. Sie befestigten den Hang und verhinderten seine Erosion.

Ein dem Grafen trotz mancher Sorgen sehr am Herzen liegendes Amt war das des Deichhauptmanns des Oderbruchs, das er 30 Jahre lang ausübte. Auf ihn geht auch die Anpflanzung von tief wurzelnden Bäumen am Oderdamm zurück, die der Befestigung dienen sollten und zum Teil noch stehen. Günther heiratete 1877 Henriette Gräfin von der Schulenburg, die das Gut Triebusch (Schlesien) mit in die Ehe brachte. Gemeinsam hatten sie zehn Kinder, von denen allerdings vier das Kindesalter nicht überlebten.

Günther Rudolf starb 1923 im Alter von 71 Jahren. Das Rittergut Reitwein erbte der 1891 geborene Sohn Günther Friedrich Graf Finck von Finckenstein. Er hatte sich bereits sehr bemüht, das von seiner Mutter stammende Gut Triebusch in der Familie und in Deutschland zu erhalten, das mit einem kleinen Streifen von Niederschlesien im Versailler Vertrag von 1919 abgetrennt und Polen zugeschlagen wurde. Vergeblich. 1923 musste er Triebusch unter Zwang an einen polnischen Interessenten verkaufen. Schon vier Jahre später starb er bei einem Autounfall in Manschnow. Gut Reitwein ging daraufhin in den Besitz seiner Schwester über. Gertrud von Wittich hatte 1919 den Oberstleutnant Curt von Wittich geheiratet, Sohn des Flügeladjutanten Kaiser Wilhelms II., Hans-Adolf von Wittich. Die Familie wohnte in der Villa, bis sie 1939 nach dem Tod von Gertruds Mutter ins Schloss zog.

Wegen der Anfang Februar 1945 beginnenden Kampfhandlungen musste die Familie wie alle anderen Reitwein verlassen. Günther von Wittich war damals 13 Jahre alt. Seine Mutter wurde enteignet und die Familie durfte nicht nach Hause zurückkehren. Nach der Wende 1990 und der Wiedervereinigung erhielten die von Wittichs den in Staatshand befindlichen Teil des Gutes nicht zurück. Günther von Wittich kaufte daher 1993 die Villa und später einen kleinen Teil der landwirtschaftlichen Flächen sowie einen Teil des Waldes wieder zurück, um dies der Familie, die sich über Generationen für Reitwein und seine Entwicklung eingesetzt hatte, zu erhalten. Seitdem ist das Dorf wieder der Wohnsitz dieser besonderen und alten Reitweiner Familie und das, was es für Günther von Wittich seit seiner Jugend und immer gewesen war: seine Heimat.

Reitweiner Kinder in den 1950er Jahren

Das Dorfgemeinschaftshaus

Wir folgen dem Pfad quer über die Wiese in Richtung Dorfgemeinschaftshaus. Früher befanden sich hier ein Laden und eine Gaststätte. Gebaut wurde es Anfang der 1950er Jahre als Schule. Zu dieser Zeit verkündeten die Demographen noch, dass die Geburtenrate höher sei als die Sterberate. Kinder bestimmten den Alltag im Dorf. Wie solch eine Kindheit damals im Oderbruch gewesen sein mag, das kann man im Nachbardorf Golzow nachfühlen. Dort steht das Museum für eine einmalige Langzeitdokumentation über den Alltag in der DDR. Der Berliner Winfried Junge berichtete vom ersten Schultag an und über 46 Jahre lang über die Mädchen und Jungen aus Golzow. Die 42 Stunden Filmmaterial zeigen rührende Momente. Zur Einschulung werden Zuckertüten gestemmt, bei Zeugnisausgaben fließen Tränen, Jugendweihen

Die Volkssolidarität

2016 ist ein Jubiläumsjahr auch für einen Reitweiner Traditionsverein: Die Ortsgruppe der Volkssolidarität wird Ende Januar 45 Jahre alt. Sechs der damals 80 Gründungsmitglieder sind auch heute noch dabei, weitere fünf können auf vier Jahrzehnte Mitgliedschaft zurückblicken. Jeden Monat deckt die Volkssolidarität im Dorfgemeinschaftshaus mit 28 Gedecken ein, „gemeinsam statt einsam" gibt es dann bei Kaffee und Kuchen nicht nur Plausch und Plaudereien sondern auch Vorträge zu Themen wie Gesundheit und Geschichte.

Die Volkssolidarität ist der größte Sozial- und Wohlfahrtsverband in Ostdeutschland. Auch wenn er als Anhängsel der DDR nach der Wende mit einem schlechten Image zu kämpfen hatte, in Reitwein bringt die Ortsgruppe noch immer Jung und Alt zusammen. Die Kinder des Jugendclubs grillen für die Mitglieder, die im Schnitt fast 75 Jahre alt sind, die Kita stellt beim Sommerfest ein kleines Programm für sie auf die Beine. Es gibt eine Weihnachtsfeier, und wer an dem Tag im Krankenhaus ist oder bettlägerig, bekommt ein Präsent.

Die Volkssolidarität kümmert sich aber nicht nur um ihre Mitglieder. Offene Veranstaltungen werden im Amtsblatt angekündigt und locken auch Interessierte aus den Nachbardörfern an. Auf einen aktuellen Erfolg ist der Verein besonders stolz: Seit September 2015 können sich alle alten Reitweiner einmal die Woche im Dorfgemeinschaftshaus mit dem Sturzpräventionsprogramm von AOK und Sportbund fit machen.

und Hochzeiten werden gefeiert. Szenen, die sich in Reitwein ganz ähnlich abgespielt haben dürften.

Auf dem Rückweg zum Gasthof „Zum Heiratsmarkt" passieren wir zwei Gedenkorte: das Kriegerdenkmal für die Gefallenen des Ersten Weltkriegs und die Friedenseiche. Sie wurde zu Ehren der zwei im Deutsch-Französischen Krieg (1870 bis 1871) gefallenen Reitweiner gepflanzt und sprengt inzwischen fast ihre eiserne Einfassung.

Reitweins Einwohnerzahlen

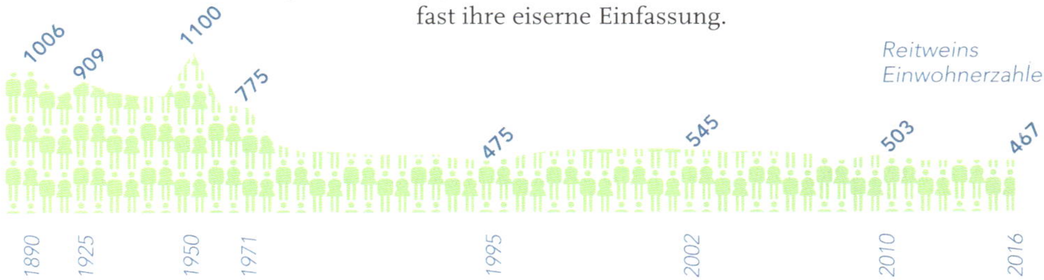

Die Reitweiner Landfrauen

Ausflug nach Berlin in den Bundestag, hier vor Resten der Berliner Mauer.

Landfrauen gibt es in Reitwein schon immer. Im Frühjahr 2012 haben sich einige von ihnen zusammengefunden zu einer „Interessengemeinschaft, die gemeinsame Treffen mit gemütlichem Beisammensein veranstaltet". Die Reitweiner Landfrauen sind kein eingetragener Verein, sie wollen sich in keinen Verband eingliedern, keine Mitgliedsbeiträge erheben. Inzwischen ist der stabile Kern aus sechs frei verbundenen Frauen aber eine wichtige Stütze der Dorfgemeinschaft geworden. Für die Kita haben die Frauen Gardinen und Matratzenbezüge genäht, sie basteln mit den Kindern Weihnachtskalender und lesen ihnen Märchen vor. Im Dorfgemeinschaftshaus haben sie eine Bibliothek ins Leben gerufen und bei jedem Dorffest können sich die Gäste auf einen Kuchenbasar freuen. Die Landfrauen packen's an. Wer so viel fürs Gemeinwohl tut, belohnt sich ab und zu mit einem Ausflug, beispielsweise zum Striezelmarkt in Dresden, zum Bundestag oder ins Theater. Und was ist nun mit der Gemütlichkeit? Die kommt auf, wenn sich die Landfrauen jeden zweiten Freitag nach der Gartenarbeit im Dorfgemeinschaftshaus oder privat treffen: Dann wird gebastelt, was das Zeug hält, oder auch mal eine Tupperparty gefeiert. Reitwein darf gespannt sein, was sich diese kreativen und tatkräftigen Frauen in Zukunft noch alles werden einfallen lassen.

Eine Kindheit in der DDR: Christina Lindow

„Es gab nicht nur schlechte Zeiten, ich kann mich auch an schöne Zeiten erinnern." Christina Lindow stammt aus einer der größten Familien in Reitwein. Ihr Mädchenname ist Scheffler und Schefflers gibt es hier viele. Kein Wunder, denn Christina Lindow hat eine Urgroßmutter, die sechzehn Kinder zur Welt gebracht hat. Und eine Oma, mit der sie sich in ihrer Kindheit und Jugend ein Zimmer teilte. Gestört hat sie das nie, sagt sie, im Gegenteil. „Wir hatten immer ein gutes Verhältnis."

Als Christina Lindow klein ist, hat ihre Familie wie fast alle in Reitwein Schweine und ‚Gurkenplantagen', wie sie es nennt. „So viel haben die Leute hier ja nicht verdient, und da haben sie sich im Sommer was dazu verdient mit den Tomaten und Gurken, dass sie sich was leisten konnten." Der erste Farbfernseher kostet immerhin 5.000 Mark, bei einem Lohn von 300 Mark im Monat unerreichbar. In den Ferien ist darum von Mitte Juli bis August Gurkenernte, „da waren die Ferien dann hin." Aber das macht nichts, denn so können die Eltern Christina und ihren Geschwistern andere Wünsche erfüllen.

Außerdem sind die Ferien für das Grundschulkind nicht die wichtigste Zeit, denn: „Die Schule war sehr schön". An die ersten vier Klassen in der Reitweiner Dorfschule erinnert Christina sich gern. „Mir kam es manchmal so vor: So wie die Lehrer Lust hatten, so war auch die Schule. Wir konnten im Park rumtoben, haben Buden gebaut und gespielt. Und die Lehrer seh ich heut noch am Fenster sitzen – die haben rausgeguckt und gefrühstückt, und wenn sie dann mal wieder Lust hatten, dann klingelte es, dann mussten wir wieder rein."

Nicht alle Lehrer sind so entspannt. Als Christina Lindow Konfirmation hat, geht sie schon auf die Schule in Podelzig. Eine Lehrerin dort lässt sie und die anderen sechs Konfirmanden aus Reitwein von der Klasse auslachen. „Unter den Kindern gab es keine Sticheleien. Die mussten das machen, weil die Lehrerin das gesagt hat." So etwas ist ihr in Reitwein nie passiert. „Das Dorf war mehr geprägt durch die Kirchgemeinde als durch SED oder FDJ. Eher waren die versteckt, die Kirche war offener." Sie sagt: „Klar, es gab ein paar Genossen, die kannte man hier, aber getan haben die eigentlich auch nichts. Die haben ihre Treffs unter sich gemacht, aber als Kind hat man sich gar nicht dafür interessiert." Wer in der Kirche war, ist zur Kirche gegangen, auch in der Gemeindevertretung waren damals Kirchenleute. „Also kein rotes Dorf…", resümiert Christina Lindow.

Das ist auch heute noch zu erkennen. Es gibt und gab in Reitwein nie eine Ernst-Thälmann-Straße, auch keinen Karl-Marx-Platz, keine typischen großen kastenförmigen DDR-Bauten, wie sie in den Nachbardörfern und überall in der ehemaligen DDR zu finden sind. „Da haben sich die Bürgermeister immer gewehrt und das finde ich gut."

Andere Dinge, die es zu DDR-Zeiten gab, gibt es heute hier nicht mehr: zwei Lebensmittelläden, einen Bäckerladen, einen Fleischer, irgendwann sogar einen

Textilladen. „Als Kinder haben wir gesagt, wir gehen mal sonntags spazieren und gucken uns die Schaufenster an." Damit war das eine Schaufenster vom Textilladen gemeint, aber das allein hat sich schon gelohnt: „Da haben wir schöne Sachen bekommen, von Schuhen angefangen, Kleider, Hosen, Unterwäsche, Handarbeiten..."

Heute gibt es in Reitwein mobile Einkaufsmöglichkeiten, Bäcker-, Gemüse-, Fleischerautos, die an bestimmten Tagen auf der Hauptstraße halten und vor allem die alten Einwohner versorgen. Als es noch die Läden gab, bekam man trotzdem nicht immer alles, was man brauchte. „Und da wurden wir als Kinder dann schon vorgeschickt: ‚Also um drei macht der Laden auf, Du gehst und stellst Dich beim Fleischer an.'" Die meisten Kinder haben sich so für ihre Eltern in eine Schlange gestellt, die Eltern kamen dann um kurz vor Drei dazu und hatten sich die Wartezeit gespart.

Für die junge Christina ist das keine Last, eher eine willkommene Abwechslung. „Da ist man mal von zu Hause rausgekommen. Wegfahren war ja nicht." Eine andere willkommene Abwechslung sind die Ferienspiele, die die Lehrer in drei der acht Ferienwochen organisierten. „Da waren immer tolle Sachen dabei. Wir haben in den drei Wochen immer eine Fahrt gehabt, nach Berlin, in den Spreewald oder in den Tierpark." Die LPG stellt für die Ausflüge Lastwagen zur Verfügung, auf die kurzerhand Bänke gestellt wurden für die Kinder, und los ging's. Auch an die Pioniernachmittage hat Christina Lindow gute Erinnerungen: „Die waren ja nun nicht so angehaucht. Wir haben Tanzkurse gehabt mit Lehrerin oder Handarbeit, Basteln oder so etwas, aber nicht das Politische."

Als sie etwas älter sind, organisieren die Jugendlichen viel selbst. Bis auf das mit dem Tanz. „Das war zu DDR-Zeiten geregelt, da war immer Jugendtanz, aber immer gesittet. Um 16 Uhr hat es angefangen und es ging bis 22 Uhr." Wenn in den umliegenden Dörfern zum Tanz aufgespielt wird, spricht sich die Reitweiner Jugend ab und fährt dorthin. Ab und zu findet der Jugendtanz im Reitweiner Heiratsmarkt statt. Einen Jugendclub gibt es auch, dort wo heute die Gaststätte ‚Am Reitweiner Sporn' ist. „Der war ganz toll eingerichtet, aber dann auch schnell wieder alles runtergewirtschaftet. Da wurde geraucht und getrunken... Da war man frei, nicht zu Hause, da hat man sich eben gehen lassen, und so sah das dann auch aus."

Wirklich frei sind sie im Rüstzeitenheim, das weit über die Grenzen des kleinen Orts hinaus bekannt ist, berichtet Christina Lindow: „Das Rüstzeitenheim ist ganz wichtig. Da haben sich Jugendliche getroffen, die über politische und Glaubensfragen diskutiert haben, aus dem ganzen Kreis und aus Berlin." Das Rüstzeitenheim ist ein Ort, wo man „auch mal offen die Meinung sagen konnte. In der Schule konntest Du's nicht, auf der Straße konntest Du's nicht, und dafür waren diese Rüstzeiten hier." Auch die jugendliche Christina ist gerne dort, diskutiert mit den Jugendpfarrern, mit denen man anders reden kann als mit ihren alten Kollegen. Und noch heute trifft sie immer wieder Menschen, die ihre Erinnerungen teilen. Es freut sie, wenn sie hört: „Ach, Mensch, damals in Reitwein, da war ick mal zur Rüste gegangen", und beide wissen, was die Rüste zu dieser Zeit bedeutet hat.

Die Oder bedeutete damals das Ende des Landes, das Ende des Bewegungsraums für die Reitweiner. Heute ist sie immer noch eine Grenze, aber ohne

Grenzkontrollen kann jede, die will, einfach mal nach Polen rüberschwimmen oder -paddeln. Das geht zu DDR-Zeiten nicht. Damals wie heute ist der Deich Ziel für Sonntagsausflüge mit der Familie, aber wenn die kleine Christina mit Freundinnen oder Geschwistern alleine hinradelt, dann winkt sie den Soldaten im Turm auf der polnischen Seite. Und die winken zurück. „Die Polen haben ihre Grenze geschützt, aber hier ist niemand patrouilliert."

Einige Kilometer flussauf- und -abwärts haben die Russen ihre Kasernen. „Die haben aufgepasst, die haben ja direkt an der Oder gelebt, das sind die, die uns beschützt haben." In Reitwein machen sie oft Truppenübungen an der Oder. Christina Lindow erinnert sich, wie sie auch diesen Soldaten winkt, wenn kurz vor Weihnachten eine lange Kolonne mit Militärfahrzeugen durch den Ort fährt. „Die haben dann auch Brücken gebaut und haben in Zelten gelebt und so was. Das ist wirklich über Heiligabend gewesen." Einmal geht die kleine Christina deshalb hin und schenkt den Soldaten Schokolade. Ein Weihnachtsgeschenk.

Manchmal kommen die Ranghöheren, die, die „raus durften", auch in den Ort. „Die haben dann geklingelt, ob wir eine Uhr oder Benzin haben wollen." Auch sie wollen sich ein bisschen Geld dazuverdienen. „Aber man hatte keine Angst vor denen, muss ich ganz ehrlich sagen." Dem Besuch aus dem Westen geht es da anders, erzählt Christina. „Die haben dann gesagt: ‚Ihr könnt doch nicht in den Wald gehen, die Russen sind da.' Aber für uns waren das wirklich die Freunde."

Später, als Christina Lindow erwachsen ist, wohnt sie mal in Frankfurt, aber wenn sie am Wochenende frei hat, bleibt sie nicht dort. „Nie, hat mich nicht gereizt. Ich bin sowieso so ein Typ, ich konnte nicht mal ins Ferienlager fahren. Die Gleichaltrigen, die haben sich so gefreut, aber für mich wäre das eine Strafe gewesen." Und so verwundert es nicht, dass sie schon nach kurzer Zeit in ihren Heimatort zurückkehrt. Jetzt ist sie zweifache Großmutter und hat nicht vor, Reitwein je wieder den Rücken zu kehren. Sie hat also den Rest ihres Lebens, um weiter viele schöne Erinnerungen in Reitwein zu sammeln.

» Freunde fürs Leben: Günther Laue und Gerhard Dietrich

Günther Laue und Gerhard Dietrich sind alte Freunde, sehr alte Freunde:

Laue: *Wo wir nun ein Jahr alt waren, da haben wir uns noch nicht so sehr gekannt, aber wo wir in die Schule gegangen sind, da haben wir uns schon gekannt, richtig gekannt. Und auch zusammen gespielt und zusammen Dusseligkeiten gemacht und alles so was.*

Dietrich: *Wir waren früher schon Nachbarn.*

Auch heute, mit Mitte achtzig, wohnen sie nur ein paar Schritte voneinander entfernt. Die beiden sind Jahrgang 1929 und damit in einer Zeit aufgewachsen, als Deutschland eine junge Demokratie mit einem Ersatzkaiser war, als das halbe Dorf noch auf dem Gut arbeitete und es in Reitwein beinahe mehr Schulzens als Hühner gab.

Laue: *Mindestens 15 Schulzen gab es.*

Dietrich: *Die gab's wie Sand am Meer.*

Laue: *Jeder hat so einen Beinamen gehabt: Der war bei der Artillerie, dann war et Kanonenschulze. Der hatte zwölf Kinder, dat war Dutzendschulze. Und so haben die immer so einen Beinamen gehabt, damit wir die auseinanderhalten konnten. Oder Schadderackschulze, weil der viel gequatscht hat immer. Pietzka-Schulze, Kutscher-Schulze, dann gab es Totstecher-Schulze…"*

An eine „Dusseligkeit" erinnern die beiden sich besonders gut, die hat es sogar zu einem geflügelten Wort geschafft. Da hatten die Kinder kurzerhand, um ihren Müttern zu Muttertag eine Freude zu machen, den schönen Garten einer Nachbarin namens Ottilie geplündert. Und anschließend hieß es dann: Wo holen wir die Lilien? – Von Ottilien!

Die Freunde erinnern sich noch gut an den Krieg und die Zeit danach. Und das Schicksal hat sie damals auch außerhalb von Reitwein immer wieder zusammengeführt. Zum Beispiel in Mecklenburg. Dorthin war Gerhard mit seiner Familie geflüchtet, als die Sowjetarmee die Oder überquerte und sie aus Reitwein wegmussten. Günther war in die Nähe von Berlin geflohen, wo er im März '45 kurz vor Kriegsende doch noch zum Arbeitsdienst einberufen wurde. „Und dann sind wir da oben in Mecklenburg durchmarschiert, und wir hätten ja Berlin freikämpfen müssen. Wir hatten ja schon keine Spaten mehr, wir hatten schon Karabiner. So laufen wir da durch das Dorf, haben Pause gemacht, haben da übernachtet, und dann steht da auf einmal der Dietrich da."

Günther gerät in Gefangenschaft, arbeitet ein Jahr lang auf einem Bauernhof zwischen Hannover und Bremen, bis er endlich zurück in die Ostzone darf: „Aber die Rückfahrt dahin, die war auch mit Hindernissen verbunden. Erstmal ist man im Westen in so ein Lager gekommen, was weiß ich warum, um zu prüfen, ob man irgendwelche Krankheiten hat oder was. Dann war ich 14 Tage in dem Lager. Dann bin ich von da entlassen worden nach Mecklenburg. In Mecklenburg kommt man rüber, im geschlossenen Konvoi sozusagen, wieder ins Lager. Nun hab ich die 14 Tage auch absolviert und dann bin ich zu Muttern, die war auch in Mecklenburg. Und dann sind wir mit Muttern hierher gekommen im Juli '46."

Gerhard ist zu dem Zeitpunkt schon ein Jahr lang wieder da. Mit seiner und anderen Reitweiner Familien ist er direkt nach Kriegsende von Mecklenburg nach Hause gelaufen. Mit einem zweirädrigen Karren, auf dem alles Hab und Gut und die kleinen Kinder waren. Kaum war er wieder da, wird sein Vater überfahren, und so muss er sich im Alter von 16 schon um seine Familie und die beiden kleinen Geschwister kümmern. Der jüngere Bruder ist gerade mal drei Jahre alt.

Trotz aller Schrecknisse des Krieges und der dann folgenden Entbehrungen schauen die beiden nicht mit Bitterkeit zurück.

„Du, wir haben ein Leben, was wir nie vergessen werden. Wir haben die Jugend gut ausgenutzt, was wir hier auf dem Dorf ja nicht hätten gekonnt machen. Wir mussten zwar teuer bezahlen, aber wir haben was erlebt." Damit meint Gerhard die

Zeit, die die beiden in Berlin verbracht haben. Wieder gemeinsam. Der eine war bei der Reichsbahn, der andere war Maurer. Zusammen sind sie am Gesundbrunnen tanzen gegangen, in Klärchens Ballhaus.

Laue: *Ja, wir gehen ja nicht tanzen um des Tanzens willen, sondern du gehst ja hin, um jemanden kennenzulernen…*

Dietrich: *Ich hab damals 'ne Freundin gehabt, die war von Westberlin. Und wenn wir hier sind zum Tanzen gegangen, dann hab ich bezahlt, und wenn wir drüben sind gegangen, hat sie bezahlt. So waren wir uns beide einig. Weil ich kein Westgeld hatte.*

„Ich war damals schon DDR-Bürger, meine war von Köpenick" scherzt Günther. Und Gerhard resümiert: *„Das war 'ne schöne Zeit"*. Trotzdem sind sie gerne nach Reitwein zurückgekehrt. Keiner hatte je die Absicht gehabt, sich irgendwo anders niederzulassen. Endgültig niedergelassen haben sie sich dann vor 65 Jahren, als beide heirateten – Gerhard etwas später als Günther:

Dietrich: *Ein Jahr nach dir. Ich hab ein bisschen länger gewartet mit der Hochzeit.*

Laue: *Ich hab keine Zeit gehabt.*

Dietrich: *Ich hab kein Geld gehabt zum Heiraten.*

Laue: *Ja, nicht wegen Kindern, dass es dringend notwendig war, um den Namen zu retten oder so. Nee, das war nicht. Das erste Kind kam drei Jahre, nachdem wir geheiratet haben. Aber das Liebesbedürfnis war eben groß, du musstest heiraten.*

Beide bekommen drei Kinder und beide haben über die Jahre verschiedene Berufe: Gerhard ist gelernter Schneider, arbeitet später bei der Reichsbahn, dann als Traktorist, schließlich als Leiter einer Technikbrigade auf dem Deich bei der Melioration. Günther, der eigentlich zur Eisenbahn wollte, lernt den Beruf des Maurers und wird am Ende Polizist. Einmal sind die Freunde auch für kurze Zeit Kollegen: Direkt nach dem Krieg arbeiten sie zusammen bei der Transportpolizei.

Dietrich: *Wir haben immer zusammengehalten. Ist egal, was für ein Kaiser war, wir haben ja nun verschiedene Kaiser miterlebt, aber der beste Kaiser? Na, du warst ja Offizier, du hast nicht schlecht gelebt, ich hab auch nicht schlecht gelebt in der DDR, war Brigadier. Aber wenn ich so höre, was heute die Leute arbeiten. Zu DDR-Zeiten war die Arbeit – gemütlicher ist nicht der richtige Ausdruck, aber da war mehr –*

Laue: *Kollegialität.*

Dietrich: *– mehr Kollegialität gewesen. Zum Beispiel, wenn bei mir einer kam, als Brigadier, und hat gesagt: „Mensch, kann ich morgen nicht zu Hause mal bleiben, ich hab aber keinen Urlaub mehr", da hab ich gesagt: „Na, gut, erledige dat, bleib zu Hause."*

Laue: *Das kann man sich aber in einem Privatbetrieb nicht leisten.*

Günther und Gerhard fehlt heute in Reitwein nichts. Wenn sie irgendetwas brauchen, setzen sie sich ins Auto und holen es sich. So sind sie noch beweglich. Aber die Dietrichs versorgen sich den ganzen Sommer über mit Gemüse aus dem eigenen Garten, der vor Blumen überquillt. Blumen sind die Leidenschaft von Gerhards Frau, auch einer gebürtigen Reitweinerin, die „jenseits der Chaussee" aufgewachsen ist. Sie haben sechs Hühner, früher waren es 30, da hatten sie dazu noch ein paar Schweine, 30 Kaninchen… Bei den Laues lebt, seitdem ihre Katze gestorben ist, „außer Regenwürmern nichts". Günther liebt die Oder und geht gerne angeln.

Wenn er einen schönen Hecht gefangen hat, gibt es Hecht mit Biersoße. Und wenn die beiden alten Freunde sich auf der Straße sehen, dann bleiben sie gerne stehen oder gehen ein paar Schritte miteinander, unterhalten sich, erzählen ein paar Witze. Es könnte immer so weitergehen…

» Aus Pommern in die Loose: Gerda Bache

Die Reitweiner Loose ist eine Loose der alten Damen. Auf den Gehöften wohnen viele Frauen über 80 oder sogar 90, manch eine hat ihren Mann inzwischen überlebt. Eine von ihnen haben wir getroffen. Noch vor der ersten Festveranstaltung zu 700 Jahren Reitwein hat sie ihr eigenes Jubiläum feiern können. Anfang Januar 2016 hieß es auf ihrem schönen Hof nahe der Oder: 90 Jahre Gerda Bache! Damit ist sie eine der ältesten Reitweinerinnen überhaupt.

Eine geborene Reitweinerin ist Gerda Bache allerdings nicht. Sie ist als junge Frau hierher gekommen. Ihre Familie teilt das Schicksal so vieler, die wegen des Zweiten Weltkriegs aus ihrem Leben östlich der Oder fliehen mussten oder vertrieben wurden. In Reitwein siedelten sich nach dem Krieg eine ganze Reihe dieser Familien an. Die meisten kamen aus brandenburgischen Gebieten jenseits der Oder, manche aus Schlesien und viele aus Wolhynien, einer Region im Grenzgebiet der heutigen Ukraine mit Weißrussland und Polen.

An ihre Kindheit fern von Reitwein kann sich Gerda Bache noch gut erinnern: „Meine Heimat ist Pommern, und da haben wir mit meinen Eltern und Geschwistern gelebt. Wir hatten auch eine Bauernwirtschaft und waren immer selbstständige Bauern." Dann kam der Krieg und sie mussten weg. Aber sie sind erst zwei Jahre nach Kriegsende rausgekommen. „Wir waren schon ein paar Mal gepäckmäßig auf der Straße, aber sie haben uns immer wieder zurückgeschubst. Wir konnten noch mal bleiben, bei den Polen auch noch arbeiten. Aber nicht auf unserem Grundstück nicht mehr." Die junge Gerda ist bei Kriegsende 19. Den Vater „hatten sie mitgenommen, der hat davon nichts mitgekriegt". Als sie am 1. Juni 1947 ausgewiesen wurden, „richtig mit Papieren", war er wieder mit der Familie vereint: Die Eltern, Gerda und ihr jüngster Bruder machten sich auf den Weg.

Was dann folgt, sind Ungewissheit, Hunger und Entbehrungen: „Wir mussten noch 3 km laufen, damit wir alles fallen ließen, was wir nicht mehr schaffen konnten. Dann sind wir gewandert, gewandert ist zuviel gesagt, immer von einem Ort zum anderen. Und haben auch ein bisschen zu Essen gekriegt." Nach einer Woche kommen sie an einem Sonnabend, wie sich Gerda Bache erinnert, in Thüringen an. Die Flüchtlinge werden wie heute erst einmal in einer großen Turnhalle untergebracht. „Dort waren wir vielleicht 400 Mann drin. Und da waren wir wochenlang, wir durften aber nicht raus." Ein paar junge Männer schaffen es dennoch manchmal auf der Suche nach etwas Essbarem. Sie sind bereit, für ein Brot 100 Mark zu bezahlen. „Ja, so schlimm war der Hunger."

Ein Bauer aus der Gegend kommt ab und zu mit dem Fuhrwerk vorbei, „mittlerweile waren wir zum Einsatz bereit", damit sie für ihn arbeiten. Aber eigentlich ist die vierköpfige Familie ihm zu groß: „Sie wollten ja gar nicht so viele. Sie hatten Angst, sie müssten uns bezahlen und das alles." Die Tante holt ihre Verwandten schließlich nach Reitwein. Sie war schon früher hier angekommen und hatte mit ihrer Familie begonnen, ein Sägewerk aufzubauen. In Pommern hatten sie auch ein Sägewerk gehabt.

„Und dann kommt das, was kommen soll: Auf dem Reitweiner Heiratsmarkt habe ich dann meinen Mann kennengelernt." Wie viele Besucher in der mehr als 100-jährigen Geschichte des Traditionsfestes seinen Namen so ernst genommen haben wie Frau Bache und ihr Mann, ist nicht überliefert. Irgendwann fragt er sie: „‚Na, möchtest du nicht meine Frau werden?' So ungefähr. Na ja, das überlegt man sich ja dann auch ein bisschen." Am Ende ist Gerda einverstanden, „und dadurch bin ich ein Reitweiner jetzt", lacht sie.

1953 heiraten die beiden und sie zieht zu ihm in die Loose. „Mein Mann hatte ein eigenes Grundstück. Der ist hier geboren. Und übrigens war ich ja aus einer Bauernwirtschaft und deshalb hat mir das gar nichts ausgemacht, die Landwirtschaft." Sie arbeiten hart auf ihrem Loosehof, um ihr Soll zu erfüllen. Kurz nach Gerdas Einzug stirbt außerdem ihre Schwiegermutter. Jetzt versorgt sie auch ihren Schwiegervater mit, der zusammen mit dem jungen Paar im selben Haus wohnt. Die Bauernwirtschaft hat die typische Größe für die Gegend hier: 15 Hektar, vielleicht etwas mehr, rund um den Vierseitenhof gelegen. Wie die meisten betreiben Baches eine Mischwirtschaft mit ein paar Schweinen, Kühen, Hühnern... Sie bauen Rüben und Kartoffeln an, Getreide, verkaufen die Milch. Dabei besitzen die Baches nicht mal einen Traktor, bloß Pflüge, die von Pferden gezogen werden. Manchmal müssen sie mit dem Fuhrwerk bis nach Alt Zeschdorf, um Kartoffeln abzuliefern.

Immerhin, kurz nach ihrem Einzug wird die Loose elektrifiziert. Geheiratet hatten die Baches noch ohne Strom. Und trotzdem: „Wir hatten hier eine sehr schöne Hochzeit und alles hat gestaunt. Wir haben ein Schwein geschlachtet, so viele Hühner geschlachtet, und dann gab es ein sehr gutes Essen, eine gute Kochfrau. Und Zuschauer. Hier war noch ein Fenster und da standen sie: ‚Ach, wir haben gedacht, wir sind auch dabei und wir kommen auch rein...!'"

Ihre Hochzeit zählt zu Gerda Baches schönsten Erinnerungen, aber auch heute noch liebt sie Feste und Geselligkeit auf ihrem Hof. Im letzten Sommer hat sie Besuch gehabt von der Verwandtschaft. „Das war wunderschönes Wetter. Und dann wird das alles auf dem Hof gemacht, zwei Tische zusammengestellt draußen, die Sommerstühle dazu..." Es hätten auch gar nicht alle ins Haus gepasst. Gerda Bache hat drei Brüder, der älteste ist 91, der jüngste 85, und alle haben wie sie Goldene Hochzeit feiern können, die Schwägerinnen leben alle noch. Nur Gerdas Mann ist 2008 verstorben. Ihre beiden Töchter waren da schon lange aus dem Haus. Seitdem lebt sie allein auf ihrem Loosehof, aber die Töchter und Schwiegersöhne wohnen in Frankfurt und kommen immer zu Besuch. Sie helfen, wo sie nur können.

Ein Enkel lebt in Lebus, und als im letzten Jahr endlich beide seiner Töchter ein Fahrrad haben, geht die erste Radtour zu Uroma Gerda. 20 km hin und zurück, eine stolze Leistung besonders für die Jüngste, die ab dem Sommer in die erste Klasse geht. Für deren Oma, Gerdas ältere Tochter, war das Fahrrad wie für alle Loose-Kinder sehr wichtig. Wenn Ilona Werner erzählt, wird klar, warum die „Sonneneck" genannte Reitweiner Loose von den Bewohnern zu „Modderdreck" umgereimt wurde: „Da gab's nur Modderwege und dann so einen kleinen Steig nebenan, dass man nicht mit dem Fahrrad fahren musste, wo die Trecker gefahren sind."

Ilona und ihre Schwester haben als Kinder einen weiten Schulweg. Erst nach Reitwein rein, später von dort weiter mit dem Schulbus nach Podelzig. „Ich musste mit Gummistiefeln hier los, hab dann mein Fahrrad bei jemandem abgestellt im Ort. Und dann hatte ich immer ein paar bessere Schuhe da, denn ich konnte ja nicht mit Gummistiefeln in die Schule gehen..." Die Baches haben zwar irgendwann ein Auto, aber das müssen sie meist am Deich parken. Sie bekommen auch die Genehmigung, ein Stück über den Oderdamm zu fahren, denn in der Loose selbst kommt man oft nur mit dem Pferdewagen durch.

Die Nachbarn helfen einander mit dem Alltäglichen: „Früher haben die Leute füreinander eingekauft. Entweder sind wir oder der Nachbar gefahren, und dann haben wir einen Rucksack geschickt für drei, vier Brote für uns und für den Nachbarn. Das war schon ganz gut", erinnert sich Gerda. Einsam war es nie in der Loose. Gegenüber bei den Sauers gab es vier Kinder im gleichen Alter wie Ilona und ihre Schwester Marita. „Wir hatten einen guten Zusammenhalt hier", erzählt Ilona, „mit dem großen Sohn bin ich immer noch befreundet, Sandkastenfreundschaft, wir sind zusammen zur Schule gefahren. Eveline ist ungefähr so alt wie Marita, die sind beide auch immer noch befreundet, telefonieren ab und an oder wir sehen uns mal hier."

In der Loose war es eine besondere Gemeinschaft, aber abgetrennt von den anderen Reitweinern hat Gerda sich nie gefühlt: „Das Dorf war nicht weit weg. Und wenn im Dorf was los war, dann sind wir doch nicht hier zu Hause geblieben!" Für Ilona gab es dort eine kleine Belohnung für den weiten Schulweg. „Am Ortseingang war die Bäckerei, die haben auch selber Eis gemacht. Und dann im Sommer konnten wir uns auch mal 'ne Kugel Eis holen. Das war schon ein Erlebnis gewesen."

Ein einschneidendes Erlebnis für Reitwein ist in der Loose besonders dramatisch: das Hochwasser 1997. Beim Dammbruch 1947 war Gerda Bache noch nicht hier gewesen und Ilona war noch nicht geboren: „Da hat aber Vati gesagt, dass das Wasser hier schon stand in der Laube. Es war leicht überschwemmt. Aber nicht so, dass es ins Haus reingelaufen ist." Fünfzig Jahre später werden die Baches im Sommer evakuiert. Sie ziehen mit den anderen Loose-Familien ins Rüstzeitenheim und bekommen einen Passierschein, damit sie tagsüber auf ihrem Hof nach dem Rechten sehen können. Die Möbel sind im oberen Stockwerk. Die Tiere bringen sie hoch nach Podelzig, das Pferd, die beiden Schafe, aber die Hühner bleiben da. „Und dann hab ich gesagt, der Hahn, der bleibt auch hier. Und wenn wir gekommen sind, dann hat der sich gefreut, der hat nur getrampelt und getrampelt." Die

Landesregierung lässt einen Damm aufschütten, der das Dorf und das ganze Oderbruch schützen soll, falls der Deich bricht. Das Haus der Baches steht auf der Seite, die dann meterhoch unter Wasser stehen würde. Aber der Deich hält und nach einer Woche ist der Spuk vorbei. Die Baches können zurück auf ihren Hof.

Und ein Gutes hat das Hochwasser auch für die Loose. Es werden endlich feste Straßen gebaut. Straßen, die nie verschlammen und im Winter bei Schnee geräumt werden. Das macht es leichter. Trotzdem sagt Gerda heute, es habe ihr in der Loose an nichts gefehlt: „Es hat sich sehr schön hier gewohnt." Wenn ihre Tochter davon spricht, wie arbeitsreich das Leben der Eltern war, dann wiegelt sie ab: „Ja, das stimmt, aber wenn man das gleich von klein auf mitkriegt, dann ist das einfach so." Und die andere Tochter fügt hinzu: „Wenn wir auch wegen der Tiere nur einmal im Urlaub waren, 1970 an der Ostsee, am Sonntag haben wir uns immer fein angezogen und haben Ausflüge gemacht. Das sind die schönsten Erinnerungen. Nur zum Abend mussten wir immer zurück sein."

Gerda Bache ist zufrieden, wo sie ist, und würde auch immer wieder hierherziehen. Ihr Fazit klingt wie ein Plädoyer für die Loose: „Uns hat hier keiner gestört. Und wenn Sonntag war, dann hatten wir fast immer Besuch von der Familie. Und so waren wir immer sehr froh und glücklich hier."

» Der junge Landwirt: Paul-Christoph Richert

Paul-Christoph Richert ist der jüngste von nur noch einer kleinen Handvoll Bauern in Reitwein. „Naja, richtige Bauern sind wir auch nicht. Wir machen auch nur Landwirtschaft im Nebenerwerb." Auch – wie die anderen drei Reitweiner Bauern. Gerade hat Paul in Berlin Land- und Gartenbauwissenschaften und Sozialkunde studiert. Das war zwar ein Lehramtsstudium, aber Lehrer wird er nicht. Haupterwerbsbauer auch nicht, „weil das zu sehr über den Körper geht. Weil es zu sehr Kraft kostet und du es an den Knochen zu schnell bereust." Paul will nicht mit Mitte 40 oder Anfang 50 körperlich am Ende sein und aufhören müssen, „und denn dastehen." Er stellt sich vor, einen ganz normalen Job zu machen, wo er ein festes Einkommen hat, und die Landwirtschaft „nebenbei zur Entspannung". Dann kann er den Trecker auch einfach mal stehen lassen.

Pauls Familie hat Wiesen, wo sie Heu machen. Außerdem bauen sie Kartoffeln an, Weizen, Hafer und eine Kreuzung aus Weizen und Roggen: Triticale. Das meiste verfüttert er selbst an seine Enten, Gänse und Hühner. „Und wer aus dem Dorf Weizen braucht, der holt sich auch von uns welchen." Den Rest verkauft er nach außerhalb. Paul hat auch Schafe, die ihm das Unkraut in Schach halten, wie er sagt. Im vergangenen Jahr hatte er gleich mehrere Lämmer, im Oktober war nur noch eins übrig. Den Rest hat er verkauft.

Paul schlachtet auch selbst, „je nachdem, wie ich Hunger hab. Die werden geschossen, gestochen, dann wird das Fell abgezogen, Innereien raus. Und dann zerteilst du's dir so, wie du's haben willst". Es ist klar, Paul wäre in der Stadt nicht richtig aufgehoben. Und er sagt selbst: „Ich bleibe hier in diesem Ort, mich kriegst du hier nicht raus." Das hat er schon als Jugendlicher für sich festgelegt. 2008 hat er ein Grundstück im Ort gekauft, das er seitdem konsequent in Schuss bringt.

Die Arbeit auf und mit dem Land liegt in der Familie. Pauls Vater hat auf der LPG gearbeitet und auch Landwirtschaft im Nebenerwerb gemacht. Genau wie Pauls Großvater, der vor wenigen Jahren gestorben ist. Der hat seinem Enkel noch von den Ratschlägen des Urgroßvaters erzählt, der in Weißrussland eine Bauernwirtschaft hatte, bis die Familie im Zweiten Weltkrieg vertrieben wurde und nach Reitwein kam. „Und bevor ich laufen konnte, bin ich auf'm Trecker mitgefahren. Das steckt nun von klein auf an da drinne. Deshalb mach ich den Spaß."

Viele machen den Spaß nicht mehr. Die LPG-Struktur hat die Bauern von ihrem Land entfremdet. Gleichzeitig haben in Reitwein aber viele während der DDR-Zeit Gurken und Tomaten und ähnliches angebaut. „Früher hatte da jeder Schweine oder einen Bullen oder irgendwas zu stehen, und alles andere konntest du ja auch abgeben: Kaninchen, Hühner, Enten, Eier...", erinnert sich Paul. Das war besonders nach der Agrarpreisreform lukrativ. Manch ein Reitweiner hat so mehr Geld verdient als im eigentlichen Beruf. Mit der Wende hörte das schlagartig auf, „weil du nichts mehr dafür gekriegt hast." Aber Paul hat beobachtet, dass sich das wieder ändert. Die Leute haben gemerkt, dass sie zwar alles bequem kaufen können, aber dass es nicht so gut schmeckt wie aus dem eigenen Garten oder aus dem eigenen Dorf: „Da legst du ein Kilo in die Pfanne und es läuft kein halbes Kilo raus." Allerdings betrifft das nur die Gärten und das Kleinvieh, nicht die ausgewachsene Landwirtschaft.

Heute heißt die LPG offiziell Genossenschaft und ist eine von vier großen Betrieben, die fast die gesamten Flächen rund um Reitwein bewirtschaften. „Das hat in den letzten Jahren, und auch durch die Flurneuordnung, viel an Besitzerreichtum verloren", bedauert Paul. Während des kürzlich abgeschlossenen Bodenneuordnungsverfahrens hat eine Menge Grund und Boden den Besitzer gewechselt. Ähnlich wie nach dem Krieg, als die Nationalsozialisten und das Reitweiner Gut enteignet und im Zuge der Bodenreform an Neusiedler verteilt wurde. Damals bekam jede Familie ein Grundstück für ein Haus mit zwei Morgan Land dazu und dann noch einmal fünf bis acht Hektar Bodenreformland. Als die Siedler starben, kamen die Erben. „Viele leben nicht mehr in Reitwein, es gibt Erbengemeinschaften, die mit den fünf, sechs Hektar nichts anfangen können. Die haben keine Assoziation mehr mit Landwirtschaft." Auch Pauls Familie konnte ein bisschen dazukaufen. Aber die Zeiten sind vorbei. „Wenn jetzt einer von uns damit anfangen würde wollen... Jetzt kannst du dir das Land nicht mehr leisten."

Trotzdem gibt es heute auch neue landwirtschaftliche Ansätze in Reitwein. In der Loose, am Ortsrand, an der Hauptstraße gibt es neu zugezogene Reitweiner, die verschiedene Konzepte ausprobieren und sich selbstständig gemacht haben, etwa mit solidarischer Landwirtschaft. Und bei der Wildblumenzucht mit ihrem kleinen

Acker am Ortsrand ist Paul, der junge alteingesessene Bauer, ein gern gesehener Ratgeber, der mit seinem großen Gerät auch mal den Acker aufbricht, wenn der eigene kleine Traktor nicht ausreicht. Dabei sieht Paul sich aber nicht als Experte. „Wie ich den Acker nun bestelle, dass es wächst, das weiß ich. Ich weiß, wie meine Maschinen auseinandergebaut werden und wieder zusammen. Aber wenn einer von den Neuen kommen würde mit irgendwelchen Fachfragen, würde ich auch gucken wie ein Schwein ins Uhrwerk."

» Vor dem Tag in Reitweins Wäldern: Sonja von Wittich

Es gibt wohl in keinem Haus in Reitwein einen frischeren Jagdschein als den von Sonja von Wittich. 2015 steht drauf. Die Nachwuchsjägerin ist als sechsfache Mutter erwachsener Kinder nicht gerade im typischen Nachwuchsalter. Sie hat die Jagd erst durch ihren zweiten Mann kennengelernt. Auch das ist untypisch, denn es heißt, dass die meisten „da reingeboren werden". Bei Sonja ist das anders, sie kommt aus einer, wie sie es nennt, „kleinsten Kleinstadt" im Schwarzwald und ist direkt am Wald aufgewachsen. „Ich war schon immer im Wald unterwegs und fand das schon immer spannend, was es da alles zu sehen gibt. Dass sich das jetzt so in diese Richtung entwickelt – vor 20 Jahren hätte ich das noch nicht gekonnt und auch nicht gewollt. Wie gesagt, Günther ist schuld."

Sonjas Mann Günther stammt aus der Familie von Wittich, die vor dem Krieg die Besitzer des Gutes in Reitwein war. Schon früh ist er mit seinem Vater auf die Jagd gegangen, damals mit dem Kutschwagen. „Er hat das mit der Muttermilch aufgesogen", sagt Sonja und zeigt auf seinen Jägerbrief, der im Wohnzimmer an der Wand hängt, und dem man die vielen Jahre Vorsprung vor ihrem eigenen Zertifikat ansieht.

Die beiden sind seit acht Jahren ein Paar. Als Sonja ihren Mann bei der Jagd beobachtet, ist sie beeindruckt: „Da hab ich erstmal nur ehrfürchtig daneben gestanden und geguckt, was er da macht und wie er da so vorgeht." Dann entsteht langsam der Wunsch, das selbst auch zu können. Genau wie als sie 38 Jahre alt ist und es ihr nicht mehr reicht, ihren Töchtern beim Reiten nur zuzusehen. „So, jetzt will ich das auch lernen!", sagt sie sich damals, und es dauert dann noch fast zehn Jahre, bis sie findet, dass sie richtig reiten kann. „Aber ich konnte nicht loslassen, ich wollte es wirklich lernen."

Mit der gleichen Entschlossenheit wendet sie sich jetzt dem Jagen zu. Dafür muss sie noch einmal die Schulbank drücken auf einer der 252 Jagdschulen im deutschsprachigen Raum. In ihrer Gruppe sind zu Anfang zwölf Lernwillige: sechs Frauen, sechs Männer. Wieder untypisch, auch wenn sich der Anteil der Jägerinnen in Deutschland seit dem Ende der 90er Jahre von einem auf zehn Prozent immerhin verzehnfacht hat. In und um Reitwein hat Sonja bisher nur mit jagenden Männern zu tun. Aber sie hat gehört, dass die Tochter eines Nachbarn im Rahmen ihres Forstwirtschaftsstudiums jetzt auch einen Jagdschein macht. Bald werden die beiden gemeinsam fachsimpeln können. Denn Sonja von Wittich hat eine Menge Fakten und Erfahrungen aufgesogen, und es ist offensichtlich, wie viel Spaß ihr das neue Wissen macht.

Trotzdem, wenn sie in Berlin ist, spricht sie nicht darüber. „Hier auf dem Dorf ist das Thema Jagen etwas Normales, da wird man von der Nachbarin angesprochen, wenn der Fuchs die Hühner gerissen hat." In der Stadt schlägt der Jägerin zum Teil offene Ablehnung entgegen. Sonja von Wittich hat das überrascht, aber selten sind solche Reaktionen wohl nicht, sie sind sogar festes Thema in der Jagdschule. Meistens geht es dort aber weniger um menschliche Konflikte. Zu den Fachgebieten zählen unter anderem der Naturschutz, das Haar- und Federwild, „dann gibt's Waffenkunde, Jagdrecht, Wildbrethygiene und Zerwirken..." Sonja ist jetzt auch „fleischkundige Person". Um das Fleisch der geschossenen Tiere verkaufen zu dürfen, muss sie wissen, wie es zu behandeln ist. „Das fängt schon beim Schuss an, wo treff ich? Wenn ich wo treffe, was muss ich machen? Wie schnell wird Fleisch ungenießbar oder vielleicht sogar auch gefährlich, wenn sich Bakterien da ansiedeln und vermehren? Woran kann ich feststellen, dass das Tier krank ist? Was sind bedenkliche Merkmale, wenn ich z. B. eine Leber habe und da sind überall wie rote Punkte drin, auf welche Krankheiten könnte das hindeuten?" Natürlich bricht sie die Tiere auch selbst auf. „Ich glaube, um Jäger zu sein, braucht man schon so ein bisschen was Derbes. Du musst auch was vertragen können." Zerlegt werden die Tiere am Ende im Keller der gräflichen Villa. Die von Wittichs liefern ihr Wildfleisch an ein Restaurant in Berlin, und besonders zu Weihnachten auch an ein paar private Familien. Und sie verkaufen es jedem, der bei ihnen klingelt. Eine Nachbarin, sonst Vegetarierin, macht für dieses Fleisch eine Ausnahme. Artgerechter geht es schließlich nicht. „Die haben ein glückliches Leben. Und wenn es gut getroffen ist, und da geben wir uns alle Mühe der Welt, dann kriegt das Tier das auch gar nicht mit", beteuert Sonja.

Die Jagdschule ist anspruchsvoll. Am Ende fallen 43 Prozent bei den Prüfungen durch. Viele schon in der ersten, der schriftlichen Prüfung. Dafür müssen die angehenden Jäger und Jägerinnen die Antwort auf rund 2.500 Fragen wissen. In der mündlichen Prüfung geht Sonja von Wittich ein Risiko ein und hat Pech. Sie weiß, die deutsche Jagdkultur ist Weltkulturerbe und dass dazu auch die Sprache, die Rituale, die Melodien der Hornsignale usw. gehören. Aber gerade diese letzten hat sie beim Lernen ausgelassen, „in dem Gedanken: Das kommt sowieso nicht." Als sie dann mit ihren Mitprüflingen vor die Prüferin tritt, sieht sie gleich das Horn, das vor ihr auf dem Tisch liegt. „Ich hab gesagt: Sie können mir vorspielen, was sie wollen, sie machen das auch exzellent, ich hab auch wirklich ein gutes musikalisches Ohr, es ist alles perfekt – aber ich kann ihnen nicht sagen, worum es jetzt gerade geht." Sie macht einen Versuch und rät: „Das klingt wie: Aufbruch zur Jagd, das war sehr schön", aber sie liegt daneben: „Tja, das war jetzt: Reh tot".

Trotzdem besteht Sonja von Wittich. Sie besteht auch anschließend noch die Schießprüfung und ist damit zur Jagd zugelassen. Sie hat gelernt, dass Jagen Verantwortung bedeutet und: Leben mit der Natur und nicht gegen sie. Im Geprách wird immer wieder deutlich, wie wichtig ihr das ist. „Es ist wirklich unheimlich schön. Draußen zu sitzen. Ich hab manchmal Erlebnisse, das gibt's gar nicht." Sonja liebt die Morgenstunden rund um Reitwein noch mehr als die Abendstunden: „Im Dunkeln raus und dann die Morgendämmerung, wenn dann die Sonne aufgeht, das ist toll!", schwärmt sie. Und wenn sie einmal anfängt, von ihren Erlebnissen zu berichten, findet sie gar kein Ende. Ob es das Rehkitz ist, das sie im Frühnebel mit seiner Mutter verwechselt hat, bis es ganz nah bei ihr seinen Irrtum bemerkte, erschrak und davonsprang. Oder die Eule, die mit hartnäckigen Flugmanövern versuchte, sie vom Hochsitz zu vertreiben. Sie hat auf der Ebene oben auf dem Reitweiner Sporn zwei Fasane mit einem Dutzend kleiner Küken beobachten können und stand Aug in Aug mit einem Keiler. „Die fangen dann an, mit den Kiefern zu schlagen und ganz doll zu schnauben. Das war so eine irre Situation. Der hat einen Ausdruck gehabt!" Es kam nicht zum Schuss, der Keiler ist geflüchtet. „Er hat's überlebt, es war alles prima. Aber wir waren uns einen Moment lang nicht sicher gewesen, ob er Günther angreift. Das war wirklich extrem." Hinterher muss sie lachen. „Es war für mich das tollste Erlebnis schlechthin. Also Wildschweine sind wirklich klasse."

Man merkt Sonja von Wittich den tiefen Respekt vor den klugen Tieren an. Oft sitzt sie viele Stunden im Hochsitz, ohne ein Tier zu erlegen: „Jagen hat für mich viel mit Warten zu tun." Aber wenn sie anlegt, dann blendet sich die Welt ringsum aus. „Es ist nur noch die Situation da. Und dann den richtigen Moment abzupassen." So konzentriert wie in so einem Moment auf dem Hochsitz ist man sonst im Leben nicht. Deshalb wollte sie auch alleine sein bei ihrer ersten eigenen Jagd: „Ich hätte es nicht ertragen, wenn Günther neben mir sitzt oder sonst irgendjemand: ‚Ja, schieß doch, schieß doch!' Ich möchte mich von niemandem in irgendeine Richtung drängen lassen", sie schmunzelt, „nicht mal von meinem eigenen Mann."

Auch jetzt noch lässt sie ihn zu Hause, wenn sie auf die Pirsch geht. Sie will erstmal ihre eigenen Erfahrungen sammeln. „Ich muss wissen, was ich da mache." Die gemeinsamen Ausflüge über die Jahre haben ihr aber sehr geholfen: „Eine ganze Menge Situationen, die ich mit Günther zusammen erlebt hab, habe ich verinnerlicht." Sie mag seine Besonnenheit. „Er ist ein wirklich guter Schütze und ich hab viele Situationen erlebt, wo er das Gewehr auch wieder weggestellt hat und gesagt hat: Nö. Das finde ich richtig gut." Ob ihr Mann es auf die Dauer auch gut findet, sie immer alleine ziehen zu lassen? „Das hat er sich bestimmt anders vorgestellt, aber vielleicht wird das auch wieder anders." Eines ist klar: Ob mit ihm oder ohne ihn, die Jägerin Sonja von Wittich wird man in Zukunft noch oft antreffen auf den Hochsitzen rund um Reitwein.

» Familienleben auf Polnisch: Agnieszka Sajduk

„Wenn wir den Turm sehen, der aus dem Wald ragt, dann wissen wir: Ah, wir sind zu Hause!" So geht es vielen Reitweinern, wenn sie auf ihr Dorf zufahren und der Kirchturm sie aus den Bäumen am Fuß des Sporns grüßt. „Im Winter ist der ja auch beleuchtet, das finde ich toll." Agnieszka Sajduk und ihre Familie haben dieses Gefühl fast jeden Tag. Bis auf den jüngsten Spross der Familie,

der noch in die örtliche Kita geht, müssen alle zeitig raus und kommen erst nach der Schule oder der Arbeit wieder zurück nach Reitwein.

Die fünfköpfige Familie ist vor sechs Jahren hierher gezogen. Ganz bewusst. „Wir wollten keine große Stadt, vor allem wegen der Kinder. Ob nun Warschau oder Berlin, war uns egal. Wir wollten keinen Großstadtrhythmus." Agnieszka und ihr Mann Dariusz stammen beide ursprünglich aus Polen, sie aus Niederschlesien, er aus einer Stadt 20 Kilometer von Warschau entfernt. Kennengelernt haben sie sich vor fast 20 Jahren in Deutschland, genauer gesagt, in Schwerin. Agnieszka arbeitet damals für ein Jahr als Au-Pair-Mädchen dort und liest eines Tages in der Zeitung von fünf polnischen Jugendlichen, die im Rahmen eines Austauschprogramms ein Freiwilliges Ökologisches Jahr in der Stadt machen. „Und dann dachte ich: Mit denen kann ich vielleicht mal was zusammen machen am Abend." Sie nimmt Kontakt auf und lernt Dariusz kennen, der am Schweriner Zoo arbeitet. Seitdem machen die beiden viel zusammen.

Nach dem FÖJ studiert Dariusz erst einmal in Posen Kulturanthropologie und Völkerkunde, Agnieszka an der Viadrina in Frankfurt Kulturwissenschaften. Für eine Studentin aus Osteuropa – Polen ist damals noch nicht in der EU – ist die Viadrina eine logische Wahl. Dort wird sie nach bestandener Aufnahmeprüfung ohne große bürokratische Hürden aufgenommen und erhält zum Start ein Stipendium. Außerdem kennt sie Frankfurt schon: „Meine Schwester hatte hier angefangen, Jura zu studieren, und ich hab sie, als ich noch im Gymnasium war, in den Sommerferien besucht." Für die junge Schülerin war es aufregend, einfach über die Grenze zu gehen, natürlich damals noch mit Anstehen. „Frankfurt war für mich – ein Mädchen mit 17, 18 Jahren – eine große Stadt mit Einkaufsmöglichkeiten", erinnert sie sich, „man konnte Pizza essen gehen". Agnieszka kommt aus einer kleinen Stadt im Gebirge mit 10.000 Einwohnern, „da gab es nicht so viele Möglichkeiten für Jugendliche". Ihre Freunde sind inzwischen alle ausgewandert nach Norwegen, England, auch in die Großstädte in Polen.

Agnieszka und Dariusz fühlen sich nicht als Auswanderer, als Ausländer, als Polen, auch wenn sie alles das natürlich sind. Sie sehen sich als Grenzgänger. Agnieszka lebt erst in einem Wohnheim auf der polnischen Seite, dann in einem Wohnheim in Frankfurt. Das erste Kind kommt zur Welt. Das Leben im Wohnheim ist nun umständlich: „Wenn man Besuch hatte von der polnischen Familie, konnte man die im Wohnheim nicht unterbringen. Und wenn ich Prüfungen hatte, kam manchmal für ein oder zwei Wochen meine Mama, um auf den Kleinen aufzupassen." Agnieszka muss dann den Hausmeister bitten, dass er beide Augen zudrückt. „Aber irgendwann, wenn man älter ist, will man sich nicht mehr immer mit dem Hausmeister unterhalten müssen." Also zieht die kleine Familie in eine Wohnung. Das zweite Kind wird geboren.

Wegen der Kinder verzögert sich Agnieszkas Abschluss, aber irgendwann ist es soweit. „Und als mein Studium zu Ende war, da war der Große schon erste oder zweite Klasse Grundschule." Die Familie hatte sich eingelebt, in Deutschland und in der Region: „Wir sind hier erwachsen geworden." Aber die Großeltern sind weit weg, das ist ein Nachteil. Und Agnieszka stellt sich die Frage, ob sie nach Bayern gehen sollen oder überhaupt nach Westdeutschland, wo es mehr Arbeit gibt. Auch Warschau ist noch einmal im Gespräch, „weil man in Warschau auch gute Arbeit finden kann, wenn man Fremdsprachen kennt." Andererseits sind sie zu der Zeit schon seit zehn Jahren weg aus Polen und wollen nicht noch einmal ganz von vorn anfangen, egal wo. „Und dann haben wir gedacht: Eigentlich wollen wir das nicht. Wir hatten hier schon Freunde, Bekannte, mein Mann hatte schon Arbeit in Berlin."

Sie entscheiden sich, zu bleiben und suchen nach einer größeren Wohnung in Frankfurt, sprechen bei einem Kleingartenverein vor. Beides endet mit Enttäuschungen. Die Mieten sind sehr hoch und in dem Garten dürften sie kein Planschbecken für die Kinder aufstellen, weil das zu laut sei für die anderen Kleingärtner. „Die haben uns da gesagt, was wir alles anbauen dürfen und was nicht, und wie viel Prozent von Gemüse und wie viel Prozent von Blumen." Das ist das letzte Tröpfchen, das sie zu der Entscheidung bringt, ein eigenes Haus zu kaufen.

Dass dieses Haus in Reitwein steht, ist kein Zufall. Agnieszka und Dariusz lieben die Natur. Sie gehen in der Freizeit gerne wandern und sind viel in der Region unterwegs. „Wir kannten schon das Oderbruch und Lebus, weil wir hier immer zum Drachenfest waren und bei den Adonisröschen an den Oderhängen." Außerdem kennen sie eine Familie, die aus Frankfurt nach Reitwein gezogen ist. Sie gehen ein paar Mal auf dem Sporn wandern und Agnieszka liebt es hier: „Weil ich aus dem Gebirge bin, hat der Sporn mich so angezogen. Das ist was Besonderes einfach. Und dann dachten wir uns, Reitwein gefällt uns, vielleicht wird hier mal ein Haus zu verkaufen sein."

Nach einem halben Jahr suchen ist es so weit. Sie kaufen das Grundstück im Mühlenweg mit dem 80-jährigen Hausapfelbaum und der großen Streuobstwiese und ziehen am 12. Dezember 2009 um – für die Familie seitdem ein besonderes Datum. Während in den Städten die Preise für Wohneigentum explodieren, kann man auf dem Land nachts noch ruhig schlafen, „weil ich nicht Angst habe, dass ich meinen Job nicht verlieren darf in den nächsten zehn Jahren. Selbst wenn ich den Job verliere und nur einen weniger gut bezahlten finde, kann ich mein Haus trotzdem weiter bezahlen."

In diesem Haus kommt das dritte Kind zur Welt – auf der Geburtsurkunde steht nicht wie sonst heute Frankfurt oder Eberswalde sondern Reitwein. Die Eltern sind das offizielle Brautpaar beim vorerst letzten deutsch-polnischen Heiratsmarkt. Dariusz pendelt täglich vier Stunden nach Berlin und zurück. Er ist Speditionskaufmann. Natürlich sucht er nach Arbeit in der Region, aber das ist nicht so einfach. Agnieszka arbeitet bei der Handwerkskammer in Frankfurt. Beide haben eine volle Stelle, denn in ein altes Haus muss man investieren. Das hat auch Nachteile. „Dadurch, dass man jeden Tag wegfährt, ist das manchmal für uns wie eine Wohnung in Frankfurt. Wir können gar nicht richtig genießen, dass wir jetzt ein Haus auf dem Lande haben."

Sie freut sich auf den Sommer, wenn es abends länger hell ist und sie draußen sitzen können. „Und mal gucken, das muss auch nicht ewig sein, wir sind auch noch nicht 40. Irgendwann kann man sagen: Gut, dann haben wir genug investiert, vielleicht kann einer zu Hause bleiben und der andere geht arbeiten."

Dass die Eltern beide vollzeit berufstätig sind, bedeutet auch, dass die Kinder früh selbstständig sein müssen. Die mittlere Tochter geht in die fünfte Klasse und fährt zwei Mal in der Woche allein nach Frankfurt, um in die Musikschule zu gehen und zum Chor. Sport würde sie auch gerne machen, aber das wird zuviel. Trotzdem sagt sie: „Mama, ich möchte hier nie weg. Mir gefällt es hier!" Bei ihrem älteren Bruder war das die ersten Jahre auch so. Aber als Teenager hat er inzwischen andere Interessen: „Vor ein paar Jahren war er glücklich damit. Aber als die Pubertät angefangen hat… Ich kann das schon verstehen, viele treffen sich einfach irgendwo in der Stadt und er muss sich immer verabreden." Der 16-Jährige steht jeden Morgen um zwanzig nach fünf auf, um um zehn nach sechs den Bus zur Schule nach Frankfurt zu nehmen.

Da hat es sein kleiner Bruder besser. Für den Dreijährigen ist Reitwein noch die ganze große Welt und seine Eltern sind froh, dass es hier den schönen Kindergarten gibt. „Das finde ich toll, dass mein Kind nicht diese Fahrerei hat. Wenn wir wie heute zum Sporn spazieren gehen, kommen wir dort vorbei und da freut er sich: Da ist mein Kindergarten! Er weiß, dass ist seine Heimat." Agnieszka Sajduk nennt das Luxus. „Heutzutage ist das wirklich Luxus, diese Ruhe zu haben, vorort zu sein, ohne das ganze Drumherum, was man eigentlich nicht braucht als Kind."

Die Kinder wachsen mit zwei Sprachen auf – draußen wird deutsch gesprochen, zuhause polnisch. „Man soll ja eine Sprache von den Muttersprachlern lernen. Deswegen haben wir immer mit den Kindern polnisch gesprochen, weil wir einfach nicht perfekt deutsch sprechen, damit sie es nicht falsch lernen", erklärt Agnieszka. Deutsch haben die Kinder von Hörspielkassetten gelernt und in der Kita. In der Schule sind die Großen besser in Deutsch als manches Kind einheimischer Eltern. Sie sind fließend zweisprachig, aber die polnische Grammatik macht ihnen beim Schreiben zu schaffen. Dafür müssten sie Unterricht bekommen, der aber in der Schule oder auch als AG nicht angeboten wird.

Manchmal, sagt Agnieszka Sajduk, findet sie es schade, dass es so wenig Kontakt über die Grenze gibt, dass man so wenig weiß über die Kultur und Geschichte des Nachbarlandes. Andererseits hat sie nie das Gefühl gehabt, anders behandelt zu werden, weil sie aus Polen stammt. Jedenfalls nicht anders als beispielsweise ein Bayer. Sie ist nicht von hier, aber sie fühlt sich wohl. „Wenn ich in Reitwein unterwegs bin, das ist egal, ob ich die Gesichter kenne, ich sage immer Hallo. Oft sind das vielleicht Reitweiner, die nur aus Berlin zum Wochenende kommen, aber trotzdem sind das Reitweiner, meine Nachbarn." Und selbst wenn es Touristen sind, macht das auch nichts, fügt sie hinzu. Dann erzählt sie von einem Nachbarskind, das kürzlich zu Besuch war: „Auf einmal spricht mein Kleiner mit seiner großen Schwester polnisch und das Nachbarskind sagte: ‚Wie, er ist zwei Jahre und er kann schon polnisch und ich nicht?'" Sie lacht. Zweisprachigkeit in der Praxis, das ist Völkerverständigung unter Kindern.

SO SIND DIE REITWEINER

Die Antwortenden und ihre Wünsche für Reitweins Zukunft

Zehn Prozent der Reitweinerinnen und Reitweiner haben in Interviews und Fragebögen etwas über sich und ihr Leben in diesem Dorf verraten. Darunter Menschen, die fast 90 Jahre in Reitwein wohnen und andere, die erst letztes Jahr hergezogen sind. Manche sind hier geboren, manche haben sich Reitwein als Wohnort ausgesucht. Mehr als ein Viertel der Antwortenden können ihre Familie in Reitwein vier, fünf oder sechs Generationen oder über 50, 60, 100, einzelne sogar mehr als 200 Jahre zurückverfolgen. Und auch wer erst seit 2004 oder 2006 in Reitwein lebt, kann eine Familie haben, die 3 bis 4 Generationen zurückgeht.

Auf einem Fragebogen steht: „4. wächst heran". Das sind gute Nachrichten und eine schöne Zukunftsaussicht, über die sich alle in Reitwein freuen dürften. Über die Hälfte der Befragten haben „mehr Kinder", „junge Leute", „Zuwachs" oder „mehr junge Familien" als ihren Wunsch für die Zukunft des Dorfes aufgeschrieben oder hoffen auf Perspektiven und Arbeit für junge Leute, „dass die nicht alle abhauen". Dabei geht es den Reitweinern darum, dass das Dorf nicht ausstirbt, die Häuser nicht leer stehen und dass sich die „Altersschichten froh durchmischen", wie eine Person schrieb.

Ein frohes Durchmischen ist zusammen mit dem Zuwachs der dringlichste Wunsch der Reitweiner für ihre Zukunft (70 Prozent): Die Hälfte von ihnen sehnt sich nach mehr Miteinander oder Zusammenhalt, dass die Leute etwas bewegen, die Bürger mit anpacken und es bergauf geht. Konkret soll es mehr Veranstaltungen, gesellschaftliches Leben, kreative Projekte geben. Und im Allgemeinen mehr Zufriedenheit, Zuversicht, sogar „Euphorie" wünscht sich jemand. Eine Person mahnt in diesem Zusammenhang aber auch mehr Würdigung für diejenigen an, die sich einbringen. Eine andere, dass weniger getratscht werden sollte. Ihre Parole für Reitweins Zukunft: „Weniger meckern, mehr tun!".

Was am Sonntag auf den Tisch kommt

Der gute alte Sonntagsbraten ist in Reitwein noch nicht aus der Mode gekommen. Mit Kartoffeln und Gemüse – wenn es geht aus eigenem Anbau. Es kann aber auch anderes Fleisch zu derselben Beilage geben: Hackbraten zum Beispiel, Kassler, Schnitzel, Kotelett, Kaninchen oder Ente. Manchmal darf es auch Gulasch mit Klößen und Rotkohl oder Wild sein. Hauptsache „herzhaft". Manche Reitweiner Familien sind streng, da gibt es immer Geflügel, dann aber in allen Varianten (feine Hühnersuppe, Frikassee, Brathähnchen…) oder nur Fisch (aber niemals Kochfisch!). Für andere ist „jeden Tag Sonntag", bzw. jeder Sonntag anders: „was uns so schmeckt" oder „einfache Gerichte" sind mit einem Viertel der Nennungen hoch im Kurs.

Zur Kategorie „schnell zu kochen" gehören sicher auch die Nudeln mit Olivenöl und Kräutern oder mit Gemüse und die süßsauren Eier, die manche in Reitwein gerne sonntags essen. Aber nicht alle haben bei der Frage spontan an das Mittagessen gedacht. Fünf Mal war die Assoziation der schön gedeckte Frühstückstisch mit Eiern, frischen Brötchen, Marmelade, Honig, Wurst aus eigener Herstellung und vielleicht sogar frisch gepresstem Saft… Und zwei dachten sofort an Kaffee und Kuchen.

Wünsche der Befragten für Reitweins Zukunft

Der Lebensrhythmus

Die Frage nach der liebsten Jahreszeit hätte man fast nicht stellen müssen, so wenig überraschend ist die Antwort der Reitweiner. Der Winter kann einem schon fast leidtun. Niemand hat ihn so richtig gern, auch wenn zehn Prozent ihn wenigstens nicht ausschließen wollen und „das ganze Jahr" geantwortet haben. Weitere zehn Prozent lieben (auch) den Herbst, eine Person besonders den September, doppelt so viele (auch) den Sommer, aber auf dem Spitzenplatz ist unangefochten der Frühling. Die Hälfte aller Befragten nennen nur ihn als liebste Jahreszeit, eine Person sogar speziell den Mai, ein paar haben neben ihm auch den Sommer oder den Herbst lieb gewonnen.

Die Reitweiner lieben aber nicht nur den Frühling, sondern auch den frühen Morgen. Mit Antworten wie „Morgen", „früh" und „Sonnenaufgang" ist diese Tageszeit die beliebteste, „wenn noch alles ruhig ist und man bis zum Frühstück schon gegärtnert hat". Über den Tag nimmt die

Beliebtheit ab: Den Vormittag haben noch neun Prozent gern, den Mittag sieben. Den Tiefpunkt bildet der Nachmittag, den gerade noch eine der befragten Personen allen anderen Tageszeiten vorzieht. Dann geht es wieder bergauf. Den Feierabend wählen vier Prozent (für einen Sprung in den Pool), den Sonnenuntergang sieben und ganz allgemein den Abend zwölf Prozent. Auch da geht es darum, dass dann „alles zur Ruhe gekommen ist". Eine Person mag den ganzen Tag und eine auch die Nacht. Die erlebt in Reitwein kaum jemand. Keine zehn Prozent der Befragten bleiben (manchmal) bis nach Mitternacht auf, 90 Prozent gehen bis 23 Uhr ins Bett, die meisten (zwei Drittel) zwischen zehn und elf. Von allen Antworten war 22 Uhr die am häufigsten genannte: Ein Drittel geht schlafen, wenn der Film im Fernsehen aus ist. Und ein Viertel steht um sechs wieder auf. Gut, dass die Reitweiner den Morgen so mögen,

Die liebsten Jahreszeiten der Reitweiner

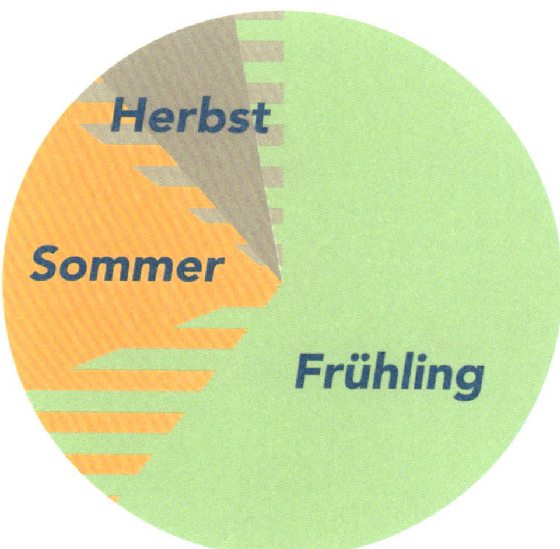

denn 90 Prozent von ihnen sind bis 7 Uhr 30 auf den Beinen. Oder stehen sie so früh auf, weil sie ihn so mögen?

Auf jeden Fall gönnen sich die Reitweiner medizinisch gesehen im Schnitt ausreichend Schlaf. Kaum jemand bekommt weniger als sieben und kaum jemand mehr als zehn Stunden pro Nacht. Drei Viertel schlafen zwischen siebeneinhalb und neun Stunden, wobei neun Stunden mit fast 30 Prozent am häufigsten sind. Die meisten Reitweiner haben einen regelmäßigen Schlafrhythmus, aber manche weisen darauf hin, dass sie zum Beispiel im Sommer eine Stunde früher aufstehen oder am Wochenende ein, zwei Stunden länger liegen bleiben. Bei wenigen kann es am Abend mal vier Stunden schwanken mit der Bettgehzeit oder zwei, drei Stunden am Morgen. Schichtarbeit scheint also selten zu sein in Reitwein. Und bei aller Varianz: Zwischen zwei und vier Uhr morgens schlafen in der Regel alle.

Was tut man gerne in Reitwein?

Nach den Lieblingsbeschäftigungen in ihrer Freizeit befragt, zeigen sich die Reitweinerinnen und Reitweiner abwechslungsreich: Am häufigsten nennen sie die Gartenarbeit, dann das Lesen und die Zeit mit Freunden oder Familie. Während die einen draußen fahrradfahren oder wandern bzw. spazieren gehen, bleiben die anderen gerne zu Hause – die Hälfte von ihnen mit Handarbeiten und die andere Hälfte beim Werkeln in ihrer Werkstatt. Einige sind gerne mit dem Hund unterwegs und treffen dabei vielleicht auf diejenigen, die am liebsten angeln oder auf die, die am Lagerfeuer sitzen (und singen) oder jene, die einfach nur die Natur genießen. Nicht wenige sind schöpferisch tätig: Sie nutzen ihre Freizeit für das Fotografieren, Zeichnen, Basteln oder Musikmachen. In Reitwein ist man also genauso gerne kreativ wie draußen. Die aktiven Fußballer haben geschwiegen oder ihr Sport ist für sie keine Freizeitbeschäftigung.

Die Reitweiner und ihre Gärten

Ein Großteil der Reitweiner sind am liebsten in ihrem Garten, Gärtnern das ist das meistgenannte Hobby. Aber wie sieht so ein Garten in Reitwein 700 Jahre nach der Gründung des alten Fischerdorfes aus? Was wächst dort, welche Tiere laufen unter welchen Bäumen herum?

In Reitwein gibt es nicht wenige, die sich teilweise aus ihrem Garten selbst versorgen. Manche schaffen das den ganzen Sommer über oder versorgen sogar die Küche ihrer Gaststätte mit dem Gemüse aus dem eigenen Garten. Privater Gemüseanbau hat Tradition in Reitwein und wird von der Vielzahl im Dorf weiterhin betrieben. Eine Kombination aus Gemüse, Obst und Blumen ist am häufigsten. Am beliebtesten scheint Beerenobst zu sein, aber auch Tomaten und Gurken sind ganz wie zu DDR-Zeiten hoch im Kurs. Möhren, Kartoffeln und Erdbeeren folgen, dann Bohnen, Zwiebeln und Weintrauben. Von Rosenkohl und Grünkohl raten alte Gärtner ab, wenn man nicht spritzen will. Ein paar reine Ziergärten, in denen nur Blumen oder Rasen wachsen, gibt es in Reitwein auch. Eine Handvoll Befragte erwähnt ihre Kräuter, eine andere Handvoll vergisst auch das Unkraut nicht.

Schatten spenden in Reitwein nicht nur die vielen großen alten Bäume überall im öffentlichen Raum. In so gut wie jedem Garten finden sich auch Holzgewächse, am häufigsten Obstbäume. Kaum ein Garten, in dem kein Apfelbaum steht. Aber auch Kirschen, Pflaumen, Pfirsiche und Birnen sind beliebt. Etwas seltener ist die Aprikose, die Nektarine, die Quitte und der Speierling. Bei so viel Obst – wer braucht da noch den Supermarkt?

Auch Laub- und Nadelbäume wachsen in Reitweiner Gärten: Linden, Nussbäume und Robinien führen gemeinsam mit Tannen die

Häufigkeit der Obstsorten in den Reitweiner Gärten

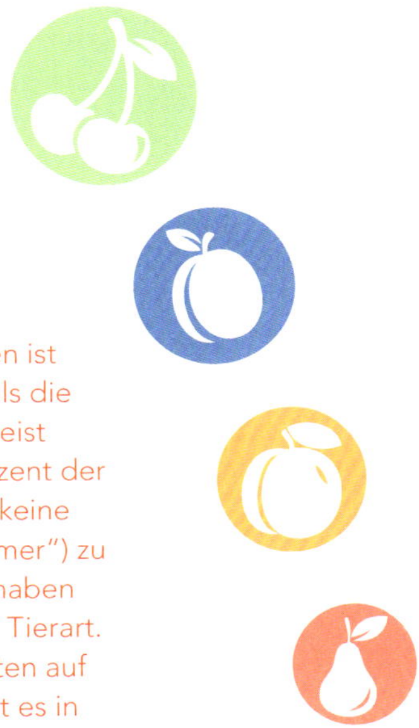

Hitliste an, gefolgt von Weiden, Birken, Ahorn, Eiche, Flieder und Fichte. Vereinzelt sieht man Zierbäume wie die Magnolie, Judasbaum, den Tulpen- und den Trompetenbaum und Exoten wie Ginseng und Gingko.

Das alles ist nur das, woran die Reitweiner und Reitweinerinnen spontan denken, werden sie nach ihrem Garten gefragt. Sträucher, Kletterpflanzen und Hecken sind zu unauffällig, auch wenn sie an vielen Stellen wachsen. Es gilt also vermutlich für alle Gärten, was eine Person über ihren eigenen schrieb. Nach einer langen Aufzählung folgte der Hinweis, es wachse da „wahrscheinlich noch viel mehr…"

Die Frage nach den Tieren ist leichter zu beantworten als die nach den Pflanzen und meist sehr übersichtlich. 15 Prozent der Befragten geben an, gar keine Tiere („bis auf Regenwürmer") zu haben. Doppelt so viele haben nur ein Tier bzw. nur eine Tierart. Rechnet man die Antworten auf das ganze Dorf hoch, gibt es in Reitwein doppelt so viele Katzenliebhaber wie Hundeliebhaber (50 zu 25 Prozent). Das häufigste Nutztier ist das Huhn (fast 30 Prozent). Interessant ist: Wo Hühner leben, gibt es fast immer auch eine oder mehrere Katzen. Enten oder Gänse watscheln durch manche Gärten, hie und da gibt es Schafe oder Kaninchen. Ein Rind wurde genannt, ein paar Fische, Meerschweinchen („für die Kinder") und weit über 300.000 Bienen. Gut, dass wir nicht nach wilden Tieren gefragt haben, die Mücken hätten die fliegenden Nutztiere noch übertroffen…

Wo ist Reitwein am schönsten?

Dass es in Reitwein unzählige schöne Orte gibt, weiß jeder, der hier zu Besuch war. Und wie sehen das die Einheimischen? Genauso. Sie lieben „alles draußen vom Wald bis an den Fluss". Aber erst einmal müssen sie nicht in die Ferne schweifen. Die Hälfte der Befragten gab an, dass ihr Lieblingsort zu Hause ist. Meist im eigenen Garten (oder bei Freunden), manchmal ist es die Werkstatt, einmal das eigene Bett. An zweiter Stelle liegt die Oder mit ihren Oderwiesen (ein Viertel der Nennungen). Dicht gefolgt vom Sporn mit seinem Wald (ein Fünftel) und der „schönen Aussicht" (jede zehnte Person). Es gibt Wiesen, die geliebt werden (Apfelwiese am Triftweg, Märchenwiese, Wiese in der Slawenburg), und Lieblingswege (Hohlweg, Triftweg).

Die Loose hat eigene Fans, die Hochebene oben auf dem Sporn, der Park (wenn auch nur, weil man dort „zur Hälfte einen Gruselfilm drehen könnte"), das Storchennest auf der LPG und schlicht „jeder Ort mit Lagerfeuerromantik"... Ein Bauwerk schafft es auch in die Liste der liebsten Orte der Reitweiner: die Kirchruine. Und dass besonders bei den Konzerten im Sommer. Insofern stimmt wohl, was die Unentschiedenen schreiben, wenn sie gefragt werden, welcher Ort ihnen besonders gefällt: „vieles", „alles", „ganz Reitwein".

Was den Reitweinern fehlt

Was lieben die Reitweiner an ihrem Dorf, was fehlt ihnen?

Die Reitweiner lieben die Ruhe (30 %) und die Natur, die sie umgibt, die Landschaft (50 %). In die gleiche Kategorie fallen Begriffe wie „frische Luft", „Weite", „Sonnenaufgänge", überhaupt „der viele Sonnenschein" und „Tiere in freier Wildbahn". Wieder sind es die Oder und der Sporn, die viele erwähnen, diesmal auch der Bullergraben, die alten Bahnschienen, die Radwege, die Slawenburg und die Kirche. Aber auch die Anlage des Dorfes gefällt den Reitweinern sehr: dass es kein Straßen- oder Durchgangsort ist, hier wenig Verkehr herrscht. Die hübschen Straßen gefallen ihnen wie auch die gepflegten Grundstücke mit ihren großen Gärten und der öffentliche Raum, und nicht zu vergessen: der Spielplatz. Sie wissen das dörfliche Leben zu schätzen, freuen sich über die großzügige Nachbarschaftshilfe und den Gemeinschaftssinn (der aber, so heißt es auch mal einschränkend, so richtig erst wieder aufgebaut werden muss). „Die Menschen", sagen 15 Prozent, „dass es mich immer wieder mit neuen spannenden Geschichten überrascht", sagt eine Person. Und einzelne sprechen von Lebendigkeit, Möglichkeiten und Freiheit. Ein Reitweiner zitiert den Alten Fritz: „Jeder soll nach seiner Façon selig werden" – hier könne man das, sagt er. Wenn das kein Kompliment ist.

Trotzdem fällt eigentlich allen etwas ein, was Reitwein noch schöner machen würde. Man muss schon sehr alt werden, um zu antworten: nichts. Obwohl die Natur und die Landschaft den Reitweinern so viel Freude macht, eines hält sie nicht bereit: Jedem Fünften fehlt im Ort ein Badesee. Der Wald ist außerdem so schön, dass eine Person schreibt, sie hätte gerne mehr davon (und dafür weniger Äcker). 17 Prozent reichen die mobilen Einkaufsangebote nicht aus, ein kleiner Laden für den täglichen Einkauf wäre schön, eine Bäckerei auch. Zwölf Prozent bemängeln, dass es keine Arztsprechstunde im Ort gibt. Und einige sagen, in Reitwein könnte es noch mehr Zusammengehörigkeitsgefühl und Zuversicht und Offenheit für Neues geben und am liebsten auch mehr Geselligkeit. Zwei davon hätten gerne „Dorftanz für alle!". Zwei Befragten fehlen die jungen Frauen, zwei anderen der Handyempfang und zwei wünschen sich „teilweise noch mehr Ordnung um die Grundstücke". Und es gibt noch viele Ideen mehr, was das Leben in Reitwein bereichern würde. Trotzdem, kaum jemand wünscht sich von seinem Zuhause weg. Die Antwort auf die Frage, wo sie leben wollen, beantworten die Reitweiner fast ausnahmslos gleich: In Reitwein!

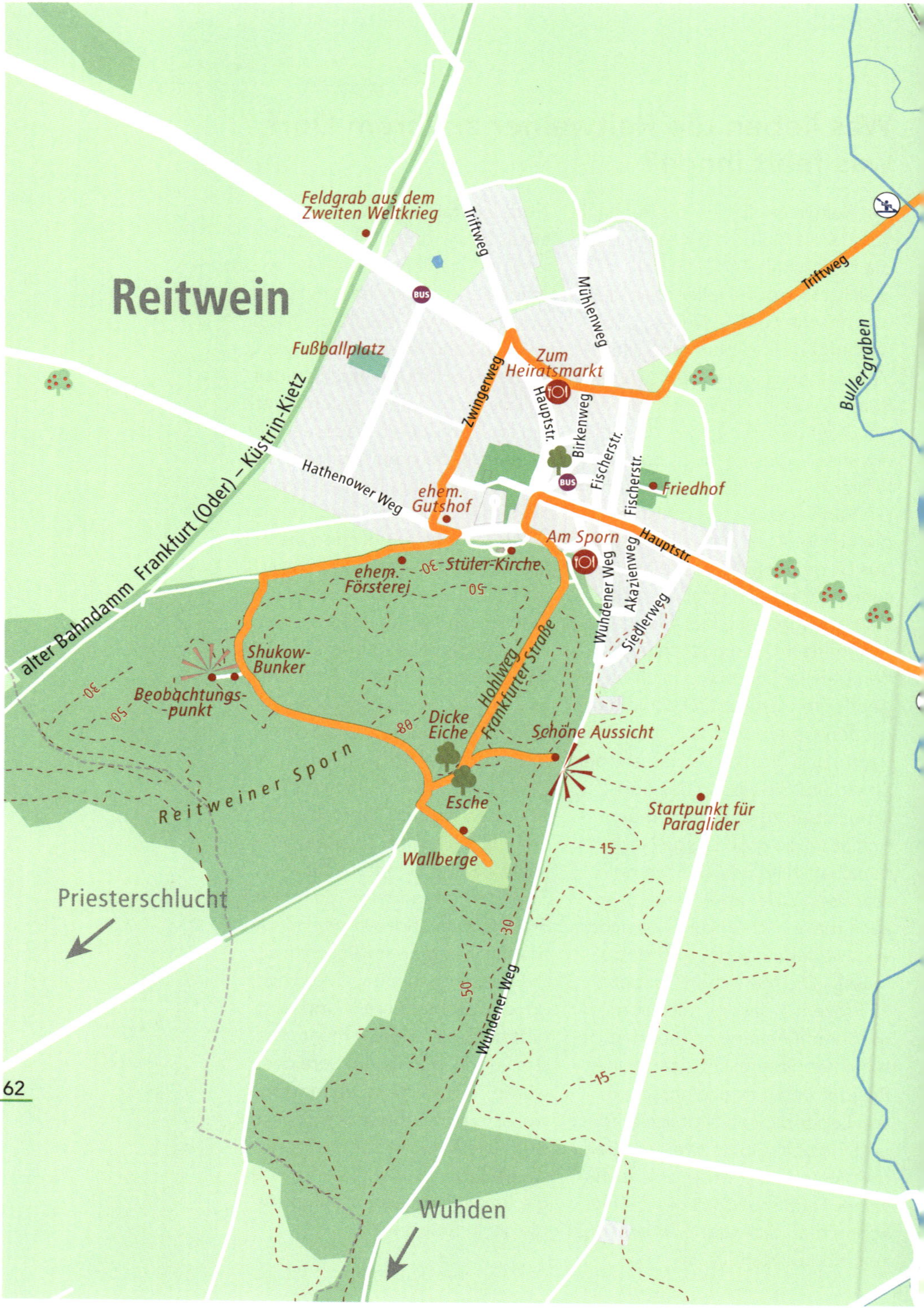
Reitwein
Feldgrab aus dem Zweiten Weltkrieg
Triftweg
Mühlenweg
Fußballplatz
Zum Heiratsmarkt
Zwingerweg
Hauptstr.
Birkenweg
Fischerstr.
Fischerstr.
Friedhof
Bullergraben
alter Bahndamm Frankfurt (Oder) – Küstrin-Kietz
Hathenower Weg
ehem. Gutshof
Am Sporn
Hauptstr.
ehem. Försterei
Stüler-Kirche
Wuhdener Weg
Akazienweg
Siedlerweg
Shukow-Bunker
Beobachtungs-punkt
Hohlweg
Frankfurter Straße
Dicke Eiche
Schöne Aussicht
Esche
Startpunkt für Paraglider
Reitweiner Sporn
Wallberge
Priesterschlucht
Wuhdener Weg
Wuhden

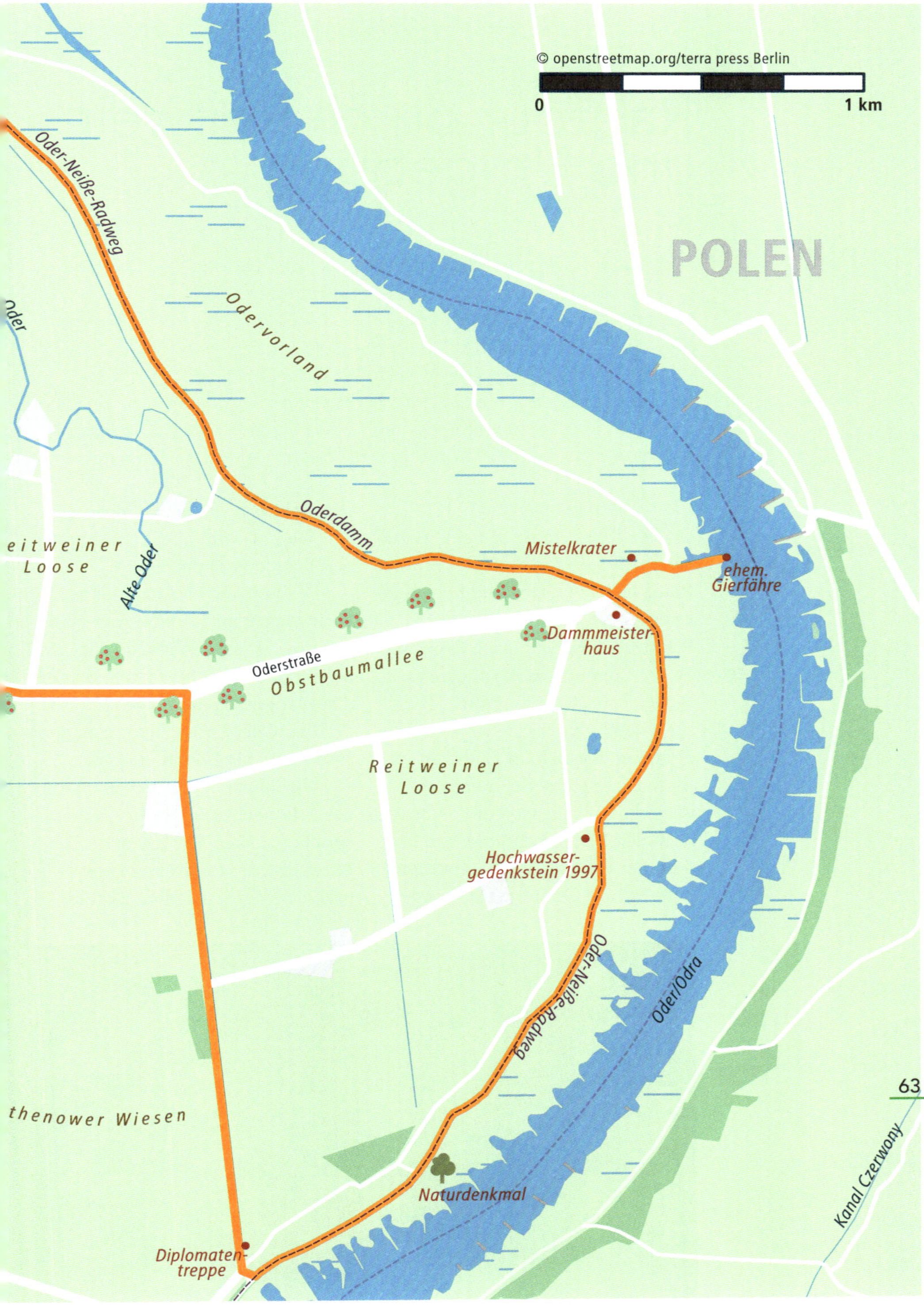

© openstreetmap.org/terra press Berlin
0
1 km
POLEN
Oder-Neiße-Radweg
Oder
Odervorland
Oderdamm
eitweiner
Loose
Alte Oder
Mistelkrater
ehem.
Gierfähre
Dammmeister-
haus
Oderstraße
Obstbaumallee
Reitweiner
Loose
Hochwasser-
gedenkstein 1997
Oder-Neiße-Radweg
Oder/Odra
thenower Wiesen
Naturdenkmal
Diplomaten-
treppe
Kanal Czerwony

Radtour durch Reitwein und Umgebung

Es ist nicht zuletzt die idyllische Lage, die den besonderen Reiz Reitweins ausmacht. Überragt von dem bewaldeten Ausläufer einer Hügelkette liegt das Dorf inmitten großer Felder, die von Wassergräben durchzogen und mit den für das Oderbruch charakteristischen Loose-Gehöften gesprenkelt sind. Der Fluss umschließt in einem Bogen das sogenannte Sonneneck und ist gesäumt von Auen und dem stellenweise mit alten Bäumen bewachsenen Deich. Die Radtour macht uns auf circa 15 Kilometern mit dieser Landschaft bekannt.

Der Reitweiner Sporn

Unsere Tour beginnt mit einem Aufstieg. Auf dem Sattel wird es nur die Profis halten, zu steil und holperig ist es auf der alten Handels- und Poststraße, die einst nach Frankfurt an der Oder und in der anderen Richtung nach Stettin führte. Die alte Frankfurter Straße ist jetzt ein Hohlweg, der sich im Laufe der Jahrhunderte unter den Rädern unzähliger Planwagen und Fuhrwerke in den Berg geschnitten hat. Im Sommer ist er gesäumt von sattgrünem Farn, links und rechts beugen sich Robinien von den Hängen über den Weg, als würden sie neugierig den Wanderer betrachten.

Der Reitweiner Sporn, seiner Form wegen auch Reitweiner Nase genannt, ist ein Höhenzug der Lebuser Hochfläche. Entstanden ist diese langgezogene Hügelkette als Prallhang der Uroder. Heute ragt sie weit in das Odertal hinein.

Wir folgen dem Hinweisschild zur **Schönen Aussicht**. Der Name spricht für sich. Wir lassen den Blick über die Reitweiner Loose und die Oder schweifen. Dort un-

Reh

Wildschwein

Fuchs

Spuren auf dem Sporn

rechts: ein Waldweg auf dem Reitweiner Sporn

Historische Karte vom Reitweiner Sporn und Reitwein

Paraglider am Reitweiner Sporn

ten werden wir später mit unseren Rädern unterwegs sein. Geradeaus sehen wir hinüber nach Polen, rechterhand sind am Horizont die Hochhäuser von Frankfurt an der Oder zu sehen.

Der 81 Meter hohe Sporn ist eine sichere Aufwindquelle. Im Frühling und im Herbst schrauben sich hier große Schwärme von Zugvögeln in ihre Flughöhe hinauf, nachdem sie sich auf den umliegenden Feldern gesammelt und gerastet haben. An manchen Tagen lassen sich einige Hundert Tiere zählen. Dann ist die Luft erfüllt vom Krächzen der Wildgänse und dem eigentümlich perlenden Glucksern der **Kraniche**. Im Sommer steigen an derselben Stelle Raubvögel und sogar Menschen auf. Eine Gruppe Gleitschirmflieger zieht sich bei günstigem Wind am Osthang des Sporns mit einer Schleppwinde in luftige Höhen. Die Schleppstrecke ist 1200 Meter lang. Jeder, der fit genug ist, ein paar schnelle Schritte zu laufen, sollte sich die Gelegenheit nicht entgehen lassen, bei einem Tandemflug Reitwein einmal aus der Vogelperspektive zu betrachten.

Wir kehren zurück zum alten Handelsweg und begegnen einer betagten Majestät. Die **„Dicke Eiche"** am Wegesrand wüsste sicher einiges zu berichten über die Reisenden und Wanderer, die in den letzten 300 bis 400 Jahren an ihr vorüber zogen. Die alte Stieleiche ist mittlerweile 18 Meter hoch, ihr Stamm hat einen Durchmesser von knapp 1,5 Metern.

Auf der anderen Seite des Weges steht ein weiterer Superlativ der Dendrologie: Tief im sogenannten Biergrund hat sich eine der höchsten gemeinen Eschen Brandenburgs einen Platz erkämpft. Sie ist ungefähr 100 bis 150 Jahre alt und stolze 32 Meter hoch.

Die Dicke Eiche im Wechsel der Jahreszeiten

Reitweiner Künstler

Im Sommer 2015 ließ sich ein junger Schmied in Reitwein nieder, der eine besondere Gemeinschaft im Dorf bereichert: Die Gemeinschaft der Kunstschaffenden. Denn Reitwein hat nicht nur wunderschöne Natur zu bieten, hier entsteht auch Kunst. In Reitwein kommt auf 75 Einwohner ein Künstler oder eine Künstlerin. Zum Vergleich: In Berlin, das stolz darauf ist, die größte Dichte an Kunstschaffenden in ganz Deutschland zu haben, kommen auf jeden Künstler 125 Einwohner, also 50 Menschen mehr, in München sind es knapp 130 und in Köln sogar 190.

In Reitwein sind die klassischen Sparten Malerei, Bildhauerei und Fotografie genauso vertreten wie experimentellere Ansätze. Aber eines haben alle Künstlerinnen und Künstler gemeinsam: Sie wohnen bloß ein paar Schritte voneinander entfernt am oder rund um den östlichen Abschnitt der Hauptstraße – wohl ein besonders fruchtbarer Boden für Kreativität.

Aquarell von Christel Post

Holzskulptur von Lothar Thomas

Am zentralsten gelegen ist das Quartier von Christel Post. Über zehn Jahre kam sie nach Reitwein, um ihre Landschaftsaquarelle zu malen, bis sie sich 2007 entschloss, Berlin endgültig den Rücken zu kehren und sich hier niederzulassen. Viele Besucherinnen des Ortes und der Gegend kennen ihre Bilder und Postkarten mit Motiven, von denen sie in und um Reitwein immer neue findet.

Der erfahrene Holzgestalter Lothar Thomas lebt in der ehemaligen Bäckerei und interessiert sich für moderne Kunst. Er fertigt Skulpturen, von denen viele an abstrakte Totems erinnern. Zuletzt hat er im Kunstspeicher Friedersdorf ausgestellt.

Gerade einmal zwei Häuser weiter wohnt Detlef Schieberle. Er ist Bundespolizist und nimmt sich Zeit für sein Hobby, wenn er nicht im Dienst ist. Als Fotograf ist er auf Natur- und Landschaftsmotive spezialisiert. Seine stimmungsvollen Aufnahmen präsentiert Detlef Schieberle Interessierten auf seiner Website www.reitwein-mol.de .

Sebastian Gräfe hat bis 2004 an der Hochschule für Bildende Künste in Braunschweig studiert und inzwischen in ganz Deutschland und auch international gearbeitet und ausgestellt. Bei seiner Kunst geht es um die Idee. Was am Ende herauskommt, kann mal ein Bild sein, mal ist es ein Film, ein Objekt oder auch eine Aktion. Er hat bereits mehrere Kataloge veröffentlicht und verschiedene Stipendien und Preise bekommen.

Diese vier sind nur ein Ausschnitt aus der offiziellen Künstlerschar Reitweins. Die „Dunkelziffer" liegt viel höher...

Der **Biergrund** ist eines von zahlreichen Tälern und Gründen des Reitweiner Höhenzuges. In vielen dieser Einschnitte fanden sich frü-

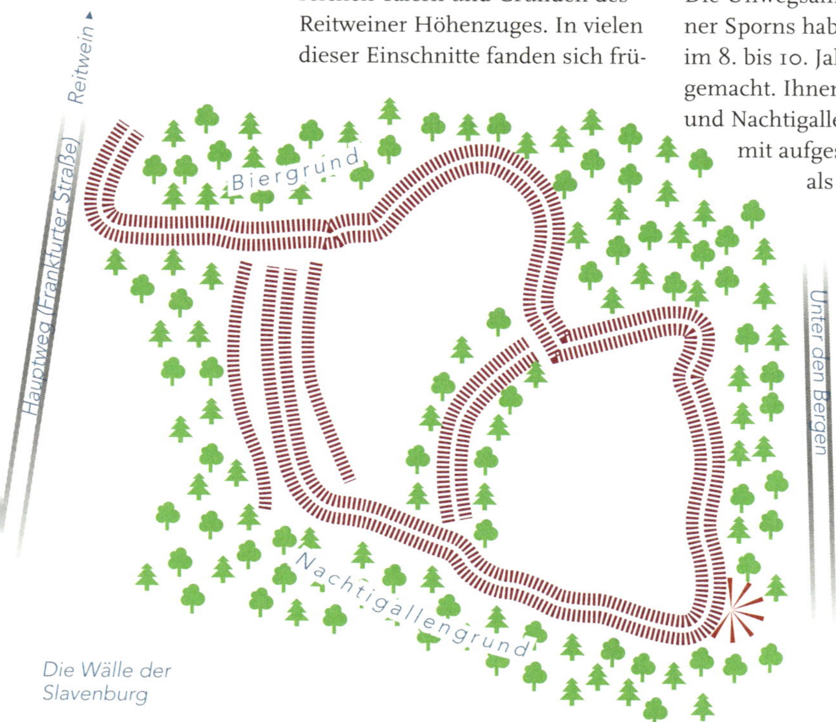

Die Wälle der Slavenburg

her intensiv genutzte Quellen. Zum Beispiel wurde das Wasser im weiter westlich gelegenen Tränkegrund in hölzernen Röhren abwärts in Tröge geleitet, im Rohrgrund wurde es zur Speisung von fünf Forellenteichen genutzt. Das Quellwasser im Biergrund soll so gut gewesen sein, dass es „Kranken heilsam und Gesunden erquickend" war.

Schon Pfarrer Schroeder bedauerte 1904 in seinen Reitweinischen Merkwürdigkeiten: „Wie schön wäre es auch in unsrer Zeit noch, wenn sich diese und all die andern Quellen wieder auffinden ließen! Oder sollten sie spurlos verschwunden sein?"

Die Wallberge

Die Unwegsamkeiten des Reitweiner Sporns haben sich die Slawen im 8. bis 10. Jahrhundert zunutze gemacht. Ihnen dienten der Bier- und Nachtigallengrund zusammen mit aufgeschütteten Wällen als natürlicher Schutz vor Feinden. Wir nehmen den nächsten Weg, der von der Frankfurter Straße nach links zu den **Wallbergen** abzweigt und treffen im dichten schattigen Wald überraschend auf eine große freie Fläche: das erste Siedlungsareal. Die Verbindung zum zweiten Areal führt durch zwei noch deutlich sichtbare Wälle. Was heute ein bloßer Einschnitt ist, dürfte zu Zeiten der Besiedlung ein Tunneltor gewesen sein.

Erste Ausgrabungen an der im Mittelalter genutzte **Burganlage** wurden im 19. Jahrhundert vorgenommen. Ab 1930 dann untersuchte der damalige Direktor am Staatlichen Museum für Vor- und Frühgeschichte in Berlin, der Prähistoriker Wilhelm Unverzagt, den Reitweiner Burgwall. Es konnten Nachweise für verschiedene aufeinander folgende Kulturschichten und damit für mehrere Phasen der Besiedlung erbracht werden. Neben Urnen und Tonscherben wurde eine große Menge altslawischer Keramik ausgegraben. Und wer Glück hat, findet auch heute noch das eine oder andere.

Funde aus Zeiten der Germanen sind in Reitwein wesentlich seltener. Sie zogen sich vermutlich zurück lange bevor die Slawen das menschenleere Gebiet für sich entdeckten.

Bevor wir zum alten Handelsweg zurückkehren, werfen wir einen Blick über den südlichen Rand der Burganlage in den **Nachtigallengrund**. Im zeitigen Frühjahr ist das Tal von Unmengen zarter Schneeglöckchen erfüllt und lockt schon vor der ebenfalls spektakulären Adonisröschenblüte Naturliebhaber an den Reitweiner Sporn.

Die Priesterschlucht

Um die Osterzeit lohnt sich ein Abstecher in die nahe gelegene **Priesterschlucht** bei Podelzig, ein Naturschutzgebiet, das im Rahmen von Natura 2000 als besonderes Flora-und-Fauna-Habitat ausgewiesen ist. Beim Bundesamt für Naturschutz wird die verwunschene Schlucht ganz prosaisch beschrieben als „ausgeprägtes Trockental der Lebuser Platte mit charakteristischem Vegetationsmosaik aus kontinentalen Steppen-, Trocken- und Halbtrockenrasen sowie Staudenfluren und Gebüschen mit Vorkommen bemerkenswerter Pflanzenarten und Vegetationseinheiten“.

Die bemerkenswerteste Pflanzenart ist das **Frühlings-Adonisröschen** – wissenschaftlich Adonis vernalis. Die violett-olivgrün bereiften Knospen scheinen auf ihren kurzen Stielen fast auf dem Erdboden aufzuliegen und sind im Winter leicht zu übersehen. Aber wenn die lang ersehnte Sonne des Vorfrühlings Mensch und Erde erwärmt, dann überziehen bald die satt goldgelben Schalenblüten

Adonis, von Aphrodite geliebt, wurde von einem Eber getötet. Wo sein Blut hintropfte, sprossen die Blüten der Adonis aestivalis, der roten Verwandten unseres Adonisröschens.

die steilen Hänge, „als wären Goldtaler vom Himmel gefallen“, schreibt der Naturschutzbund. Die zauberhaften Röschen sind selten und mit vereinzelten Ausnahmen in Deutschland sonst nur noch an den Oderhängen in Lebus und Mallnow zu sehen. Wenn sie blühen, passt sogar die Niederbarnimer Eisenbahn ihren Fahrplan an.

Der Shukowbunker

Zurück auf dem Handelsweg weisen uns die Schilder an der Dicken Eiche den Weg zum Shukowbunker. Merkwürdige Vertiefungen im Waldboden fallen uns auf. Es sind **Laufgräben und Schützenlöcher**, Zeugnisse der größten Schlacht des

oben: Armeegeneral Shukow auf dem Befehlsstand im Reitweiner Sporn

links: Heute kann man noch den Original-Laufgraben besichtigen.

Zweiten Weltkriegs auf deutschem Boden. Der Bericht von Gerhard Tillery schildert, wie ein 19-jähriger die Kämpfe um Reitwein in der Ebene nördlich des Sporns erlebte: „Die Stellung verlief durch einen Wald. Es war kein durchgehendes Grabensystem, sondern alle 12 bis 15 Meter war ein Schützenloch. Der Russe war etwa 30 bis 40 Meter von uns entfernt. Im linken Teil des Kompanieabschnittes verlief ein etwa 8 Meter breiter Bach, die Alte Oder. Rechts von uns war ein Bahndamm, die Grenze. Auf der einen Seite lagen wir, auf der anderen der Russe. Hierhin stellte mich der Kompagniechef zuerst. Die Haare standen mir zu Berge. [...] Wir durften uns nur flüsternd unterhalten. Jedes Geräusch beim Russen war zu hören, jedes laut gesprochene Wort war deutlich zu vernehmen. Tag und Nacht wurden Handgranaten hin und her geworfen.“ (Auszug aus „Kriegsereignisse in Reitwein und Umgebung“)

Der Shukow-Bunker wurde im März 1945 als vorgezogener Gefechtsstand des Befehlshabers der 8. Gardearmee, **Generaloberst Tschuikow**, errichtet. Benannt ist er allerdings nach **Marschall Shukow**, Befehlshaber der 1. Weißrussischen Front, der von hier aus die Schlacht um die Seelower Höhen befehligte und drei Wochen später in Berlin die bedingungslose Kapitulation der deutschen Wehrmacht entgegennahm.

Im 18 Kilometer entfernten Seelow erinnert eine Gedenkstätte an diese Schlacht. Sie wurde als eine der ersten Gedenkstätten auf deutschem Boden schon im November 1945 eingeweiht.

Der vom Krieg zerschundene Wald mit Unterständen und Laufgräben

Baumarten auf dem Reitweiner Sporn

Robinie

Spitzahorn

Esche

Stieleiche

Rotbuche

Waldkiefer

Spitzahorn

Live in Reitwein

Beata Kossowska und Bernd Kühnert im Konzert bei Live in Reitwein

Als Wolle und Rossi vor 22 Jahren in Reitwein ein privates Geburtstagsfest feierten, wussten sie nicht, dass das die Geburtsstunde ihres Vereins ‚Live in Reitwein' sein würde und einer Konzertreihe, die regelmäßig Fans gepflegter Gitarrenmusik in das Oderbruchdorf pilgern lässt. Damals spielten fünf Live-Bands in Bernd Dietrichs ‚Heiratsmarkt', es kamen 200 Gäste und die Begeisterung war groß. Inzwischen ist der Wirt neu, die langen Haare sind grau, und ‚Live in Reitwein' findet auch schon mal in Berlin, Seelow, als Open Air in Groß Lindow oder anderswo statt. Trotzdem wollen die Konzertveranstalter dem Ort treu bleiben, „solange noch halbwegs Publikum kommt". Schließlich ist Reitwein die Keimzelle von allem.

Dabei sind die beiden selbst keine Reitweiner. Wolle war mal Mathelehrer in Podelzig und wohnt in Rathstock und Rossi ist Schwimmmeister in Berlin und wohnt zur Hälfte in Seelow. Und wie die Veranstalter sind auch die meisten Konzertbesucher nicht aus Reitwein – gegen Rockbegeisterung scheint das Dorf bisher beharrlich immun. Vielleicht ändert sich das ja, wenn in Zukunft mal der örtliche Posaunenchor auf der Bühne steht oder eine (ehemalige) Reitweiner Band. Es ist schwierig, in Deutschland junge Rocker als Vorband zu finden. Manchmal scheint es, als sei Rock eine aussterbende Gattung und der Rocker auch. Die Leute auf der Bühne und davor sind gemeinsam gealtert. Ein Stammgast erklärt es so: „Du musst mit dieser Musik aufgewachsen sein, wenn nicht, wirst du sie im Alter auch nicht gut finden." Dabei haben Wolle und Rossi nicht nur regionale Helden wie Living Room, sondern auch schon große nationale und internationale Namen im Programm gehabt wie Keimzeit, The Yardbirds, Tito & Tarantula und Canned Heat. Manchen hat es so gut gefallen, dass sie schon zwei, drei, vier oder gar acht Mal gekommen sind. Trotzdem verdienen die beiden Rockliebhaber nichts an den Konzerten, die sie veranstalten. Auch nach über 20 Jahren ist das noch ein Hobby. Ein Hobby mit einem eisernen Prinzip: „Das wichtigste Kriterium für die Band ist, dass sie Rock machen. Was anderes kommt nicht auf die Bühne."

Irgendwas muss also dran sein, an dieser Rockmusik. Vielleicht sollten die Reitweiner mal ihre Jugendlichen zu ‚Live in Reitwein' schicken. Wer weiß, dem einen oder der anderen geht es dann vielleicht wie Rossi, der sich als 17-jähriger bei einem Konzert den Rockvirus eingefangen hat. Eines ist klar: Es gibt schlimmere Krankheiten als diese.

Das Forstrevier Reitwein

Ein Bild der Verwüstung zeigte sich nicht nur im Dorf, sondern auch im Wald. Die meisten Bäume waren im Krieg für den Bunkerbau gefällt worden, die übrigen waren nicht mehr als Bäume zu erkennen. Die Beschädigungen hatten ein Ausmaß von 90 Prozent.

Der heute nachgewachsene Wald besteht zum großen Teil aus **Robinien**. Die Robinie ist ein Pionierbaum, der nach katastrophalen Störungen wie Waldbränden oder Kahlschlägen die Waldregeneration einleitet. Nur Bäume, die höher wachsen und sehr starken Schatten spenden, vermögen es, die „falsche Akazie" zu verdrängen.

Vorerst aber bestimmt sie das Bild auf dem Reitweiner Sporn und wird nicht nur wegen ihres harten Holzes geschätzt. Als weitere Einnahmequelle für private Waldbesitzer gilt das Saatgut der Robinie. 41 Prozent aller in Deutschland existierenden Saatgutbestände dieser Baumart liegen in der Oberförsterei Waldsieversdorf, zu der auch der Reitweiner Sporn gehört. Besonders beliebt ist die Robinie bei Imkern, die mitunter aus entfernten Teilen Deutschlands mit ihren Bienenbeuten anreisen. Die Robinie ist eine sogenannte Trachten-Pflanze, die reichlich Nektar und Pollen erzeugt und deshalb verstärkt von den Bienen angeflogen wird.

Unser Weg führt uns vorbei am **Tränkegrund** zurück zum Dorf.

Die anspruchslose Robinie stammt eigentlich aus Nordamerika.

Reitweiner Honig

Reitwein ist ein Bienendorf. Überall summt es. Und es kommt schon mal vor, dass der Imker beim Einfangen eines herrenlosen Schwarms aus einem Straßenbaum beobachtet werden kann. An jedem Ende des Dorfes gibt es Honig aus eigener Produktion mit so besonderen Sorten wie Robinie und in manchen Jahren sogar auch Löwenzahn. Sehr beliebt sind die aromatische Frühlings- oder Sommerblüte, die sich manche Gäste bis Hannover oder ins Bergische Land mitbringen lassen. In dem Begrüßungsbeutel, den die Gemeinde neuen Mitbürgern nach ihrem Zuzug überreicht, darf deshalb ein Glas Reitweiner Honig nicht fehlen.

In den letzten zehn Jahren nimmt in Brandenburg und auch im Bundesgebiet die Zahl der Imker wieder zu. Torsten Zickelbein ist einer der gut 500 deutschen Berufsimker. Er verkauft neben Honig auch Bienenwachskerzen, Met, Pollen und Naturkosmetik. Andreas Vieth betreibt auf dem Hathenower Weg die Bienenzucht als Ausgleich zu seiner Anwaltstätigkeit. Daneben sammelt in Reitwein auch neugieriger Imkernachwuchs erste Erfahrungen mit Königinnen, Tracht und Beuten. Garten- und Landbesitzer müssen sich hier also keine Sorgen um die Bestäubung machen.

Der Sportverein Rot-Weiß Reitwein

Rot-Weiß Reitwein gegen Blau-Gelb Bleyen – das ist nicht nur ein Zungenbrecher, sondern verspricht auch eine schöne Partie Fußball am Ostrand der Republik. Der deutsche Nationalsport ist in Reitwein die Hauptsportart. Aber der mit stolzen 81 Mitgliedern größte Verein des Ortes bietet auch zwei neue Disziplinen an: Tischtennis und Skating. Während die Fußballer und Fußballerinnen des SV Rot-Weiß Reitwein – die Frauen gründeten 1999 eine eigene Mannschaft – fast jedes Wochenende zu einem Spiel auflaufen und auch wöchentlich trainieren, laden die Inlineskater im Sommer sportbegeisterte Einheimische und Gäste zum Halbmarathon auf die perfekten Strecken rund um den idyllischen Ort.

Der Reitweiner Sportverein ist über ein halbes Jahrhundert alt. Er wurde 1964 als BSG Traktor Reitwein gegründet und benannte sich 1990 um. In den 1970er Jahren gewinnt Reitwein zwei Mal den Traktorpokal. Ein herausragender Erfolg ist der Aufstieg der Männermannschaft in die Kreisliga im Jahr 2002. Im gleichen Jahr beginnen nach den C-Junioren auch die E-Junioren mit dem Trainingsbetrieb. Heute sind unter den Mitgliedern des SV Rot-Weiß Reitwein 14 Kinder und Jugendliche. Der Verein will junge Menschen zum Sport bewegen, Freizeitmöglichkeiten aufzeigen und den Bürgern als Treffpunkt dienen. 1999 organisiert er erstmals ein Sportfest unter dem Motto „Sport statt Gewalt". Das Projekt findet seitdem jährlich statt und wurde 2007 durch die Sparkassenstiftung ausgezeichnet.

Auch bei anderen Veranstaltungen übernimmt der Sportverein Verantwortung, nicht zuletzt beim Reitweiner Heiratsmarkt, der über viele Jahre Zehntausende Besucher nach Reitwein lockte. Hinzu kommen Tischtennis-, Skat- und andere Turniere, Radtouren, der Oderlandmarsch und Projekte, die der Verein seit 2011 zusammen mit der Partnergemeinde Lipki Wielkie gestaltet. Neben den Fußballfeldern steht das Vereinsgebäude mit einem 120 m² großen Saal für Indooraktivitäten. Das erste Sportlerheim bauten die Reitweiner mit Unterstützung der LPG nach Feierabend selbst auf.

Am Wochenende ist hier oft viel los. Bei guten Spielen sind schon bis zu 120 Zuschauer rund um das Spielfeld gezählt worden. Die Reitweiner wissen ihren Verein und ihre Mannschaften eben zu schätzen.

Die Alte Oder

Das erste Haus, dem wir begegnen, ist das ehemalige Forsthaus. Die Aufgaben des Revierförsters bestanden früher in der Pflege des Wald- und Wildbestandes und in der Aufforstung. Heute sind in Reitwein zwei **Jagdpächter** für das Wild verantwortlich. Und während diejenigen, die in Reitwein zur Jagd gehen, noch persönlich mit dem Dorf verbunden sind, zum Teil im Ort selbst leben, kennt kaum jemand den Förster. Die zuständige Oberförsterei im rund 40 km entfernten Waldsieversdorf kümmert sich in einem über 90.000 Hektar großen Gebiet um mehr als 22.000 Hektar Wald. Und so dürfte es vorerst keine neue Strophe in einem alten Reitweiner Vers geben. Die Abfolge von treffenden Namen der hier tätigen Förster hatte einst die Dichtkunst des Volksmunds herausgefordert:

Wolf hat getrunken,
Hirsch hat gesoffen,
Enders wirds anders machen,
das wollen wir hoffen.

Wir lassen die Stülerkirche rechts liegen und nehmen nach einem kurzen Stück auf holprigem Kopfsteinpflaster die Fahrt auf dem **Zwingerweg** auf. Die Häuser links und rechts der Straße wurden kurz nach dem Zweiten Weltkrieg gebaut. Der Bedarf an Wohnraum war groß, viel war im Krieg zerstört worden und auch in Reitwein strandeten Menschen, die aus Gebieten östlich der Oder geflohen oder vertrieben worden waren. Bei einigen der typischen **Siedlungshäuser** ist noch der kleine eingebaute Stall zu erkennen. Zwischen und hinter ihnen liegen kleine Felder, die den Häusern damals zum Zwecke der Selbstversorgung beigegeben wurden.

Schauen wir über sie hinweg in Richtung Bahndamm, erkennen wir die Spielfelder und Gebäude des **SV Rot-Weiß Reitwein**. Nicht nur ein Schauplatz sportlicher Siege und Niederlagen. In über 50 Jahren Vereinsgeschichte sind hier Muskelkater aber auch lebenslange Freundschaften entstanden.

An der Hauptstraße biegen wir nach rechts und fahren dem Gasthaus „Zum Heiratsmarkt" entgegen. Wer sich von der Bergtour erholen will, kann hier rasten.

Die Alte Oder

Es beginnt die zweite Etappe der Überland-Tour, nun fahren wir auf ebener Strecke. Links neben dem Gasthaus führt der **Triftweg** uns zur Oder. Der ist jedes Jahr am zweiten Januarwochenende Schauplatz für ein norddeutsches Sportevent. Ein ostfriesischer Wahl-Reitweiner hat das Boßeln nach Reitwein gebracht und auch seine oderländischen Freunde mit dem Virus angesteckt. Dazu werfen zwei Mannschaften je eine ein Kilogramm schwere Gummikugel im Wechsel möglichst weit und bewegen sich plaudernd und mit Glühwein wärmend den Triftweg bis zum Damm hinauf und zurück. Danach trifft sich das Boßel-Volk in der Gaststätte am Sporn zu Grünkohl mit der brandenburgischen Variante von Pinkel – das kann Mettwurst, Kassler oder Eisbein sein.

Bevor wir den Damm erreichen, überqueren wir den **Bullergraben**. Wem er gefällt, der sollte beim nächsten Mal ein Kanu mitbringen, denn hier befindet sich ein Einstiegspunkt für Paddeltouren. Der sogenannte Bullergraben ist an dieser Stelle nur schmal, der Wasserstand ist gut, die Strömung recht flott. Für diejenigen ohne eigenes Kanu hat ein Spezialist für Abenteuertouren im Nachbarort Gorgast ein bequemes Angebot: Die Boote werden nach Reitwein gebracht, von wo aus es die Gäste gemütlich zum Ausgangspunkt in Gorgast zurückpaddeln.

Wir fahren weiter und hinauf auf den Oderdamm.

Der Oder-Neiße-Radweg

Wir befinden uns auf dem Oder-Neiße-Radweg, der von der Neißequelle im tschechischen Nová

Schafe werden zur Deichpflege eingesetzt.

Ves bis Ahlbeck auf Usedom führt – 630 Kilometer vom Isergebirge entlang der deutsch-polnischen Grenze bis zur Ostsee.

Wir wenden uns nach rechts. Auf unserem ersten Streckenabschnitt ist von der Oder noch nichts zu sehen. Zwischen dem Radweg auf der Deichkrone und dem Fluss liegt das **Odervorland**. Die feuchten Wiesen sind ein Paradies für Störche und Bodenbrüter. Hier ist gelegentlich der von den einen geliebten und den anderen verfluchte Biber zu sehen und mit ganz viel Glück auch mal ein Fischotter. Ab und zu schaut eine junge Schäferin mit ihrer Herde vorbei oder ein Reitweiner Bauer lässt seine Kühe dort grasen.

Wir radeln knapp 3 Kilometer auf dem perfekten Belag, bis wir am **Dammmeisterhaus** ankommen, wo wir links entlang zur Oder herunterrollen.

Die Oder

Wir stehen nun direkt am Fluss, und zwar genau an der Stelle, wo es bis 1944 eine Fährverbindung über die Oder nach Göritz gab. Danach wurde die Oder zum Grenzfluss. Auf der gegenüberliegenden Seite steht wie zum Beweis der letzte heute noch vorhandene polnische Beobachtungsturm. Genießen wir ein wenig den Blick auf das treibende Nass.

Das Oderbruch ist nicht nur eine Jahrtausende alte Naturlandschaft und eine Jahrhunderte alte Kulturlandschaft. Das Oderbruch ist wegen der allzeit drohenden Hochwässer auch eine Schicksalsgemeinschaft.

Die letzte Kaltzeit in Nordeuropa und dem nördlichen Mitteleuropa, die **Weichsel-Eiszeit**, formte diese Landschaft vor etwa 10.000 bis 25.000 Jahren. Gletscher schoben sich von Skandinavien bis ins

Beobachtungstürme wurden nach 1963 an dieser Grenze nur von den polnischen Grenzorganen unterhalten.

„Das“ Oderbruch mag ungewohnt klingen, ist aber richtig. Das Wort Bruch leitet sich in diesem Fall nicht ab von brechen, sondern von dem mittelhochdeutschen bruoch mit der Bedeutung: ‚Sumpf‘, ‚Moor‘.

nordostdeutsche Tiefland. Zurück blieben Jungmoränenlandschaften mit Seenlandschaften, in denen sich heute Abschnitte der Flussläufe von Elbe, Havel, Spree und auch der Oder befinden.

Das Oderbruch ist 60 bis 70 km lang und 12 bis 20 km breit und bedeckt eine Fläche von über 900 km². Früher durchzog die Oder diese Fläche in mehreren Armen und setzte nach starken Regenfällen oder der Eisschmelze regelmäßig riesige Flächen unter Wasser. Nur wenige Menschen lebten in der Gegend und die bestehenden Ansiedlungen waren hauptsächlich von der Fischerei geprägt.

Das gilt auch für Reitwein. Das heutige Dorf begann vor weit über 700 Jahren mit ersten Behausungen oben am Fuße des Reitweiner Sporns. Inzwischen zieht es sich bis ins Flache. Die **Trockenlegung** des Oderbruchs machte die Ausbreitung möglich. Früher hatte Reitwein einen eigenen kleineren Damm, der die westlich von Reitwein gelegenen Ackerflächen schützen sollte. Damals war die heutige Loose noch Überflutungsgebiet. Es waren die Könige Friedrich Wilhelm I. und Friedrich II., die im 18. Jahrhundert einen durchgehenden Deich bauen ließen, wie wir ihn heute kennen. Sie verlegten die Oder in einen alten Seitenarm. Der **Bullergraben**, der dem ehemaligen Verlauf der Oder folgt, ist seitdem nur noch ein kleiner Graben, in dem es freilich bullert und bollert, wenn große Wassermassen hindurchfließen.

In den Jahrhunderte zurückreichenden Chroniken und Zeugnissen über die Gegend sind keine Hinweise darauf zu finden, dass das Kerndorf von Reitwein selbst jemals überschwemmt worden sei. Es ist schon mehrfach vorgekommen, dass Podelzig Unterdorf, das auf der von der Oder abgewandten Seite des Reitweiner Sporns liegt, unter Wasser stand, der Ort Reitwein aber wegen der leicht erhöhten Lage verschont blieb.

Von Süd nach Nord hat das Oderbruch über 70 km ein Gefälle von nur zwölf Metern. Das sind verschwindend geringe 0,17 Pro-

mille. Folgt man der B1 von Küstrin-Kietz nach Seelow, dann erreicht man am Fuß der Seelower Höhen den tiefsten Punkt mit etwa drei Metern unter dem niedrigsten Oderwasserstand in Küstrin. Sollte die Oder einmal zwischen Lebus und Küstrin den Deich überfluten oder der Deich brechen, würde das Wasser also in Richtung Seelower Loose ablaufen, wo die Oder einmal als Urstrom entlang geflossen ist.

Dieses Szenario gilt nicht bloß in der Theorie. Es beruht auch auf einer für das Oderbruch bitteren Erfahrung. **1947** lief das gesamte Gebiet bei einem **Winterhochwasser** voll. Die Deichbruchstelle lag damals bei Neu-Manschnow nur wenige Kilometer flussabwärts von Reitwein. Dort konnte man sehen, wie das Wasser auf den Ort zufloss. Nicht wie ein Tsunami, keine Wasserwand. Es ähnelte eher einer Wattenmeerflut, die sich über die Äcker zog, bis sie alles bedeckte. Reitwein blieb trocken.
Im **Sommer 1997** drohte sich die Katastrophe zu wiederholen. Unzählige Helferinnen und Helfer aus der Region und von überall her arbeiteten damals unermüdlich, um den Deich, der bei Reitwein eine Schwachstelle hatte, zu schützen. Der Deich hielt und das Oderbruch konnte aufatmen. Im Winter 2010 waren die Wasserstände erneut sehr hoch. Dafür ging die Oder 2015 mit einem extremen Niedrigwasser in den Winter. Auch das ist eine gefährliche Situation, weil dann die Eisbrecher, die die Oder vom unteren Flusslauf her aufbrechen müssten, zu wenig Wasser unter dem Kiel haben und sich beim natürlichen unkontrollierbaren Eisaufbruch Eisbarrieren bilden können. Deshalb gilt: Es lohnt sich immer, die Oder zu beobachten. Meistens aber ist die Oder ein fried-

Hochwasserkatastrophe 1947

Blick vom polnischen Ufer auf die Oder, im Hintergrund ist der Reitweiner Sporn zu sehen.

Leben mit dem Fluss: Martin Porath

Manch eine Fahrradtouristin fährt auf dem Deichradweg an Reitwein vorbei, ohne zu wissen, was sie verpasst. Aber wenn sie auch sonst nichts von Reitwein gesehen hat, ein Haus ist ihr bestimmt aufgefallen. Dort wo die Verlängerung der Hauptstraße auf den Deich trifft, steht es, klein und weiß und sehr hübsch: das alte Dammmeisterhaus. Hier wohnen die Poraths. Und hier wohnen auch ein paar Gänse, Hühner, Hund und Katze, früher ein Pfau, manchmal ein Storch. Das macht aber noch keinen Bauernhof, wie ein paar Wanderer einmal irrtümlich vermuteten. Da saß Martin Porath gerade mit seiner Frau im Garten und hörte, wie einer den anderen fragte: „Wovon leben die Leute hier?" „Ja, siehst Du doch, von der Landwirtschaft!"

Die beiden betreiben auch keine Gaststätte, zur Enttäuschung mancher Radtouristen, die sich die drei Kilometer ins Dorf sparen wollen. „Einmal kam unsere Tochter aus dem Haus und hier saßen Leute auf der Bank und sagten zu ihr: Wir hätten gerne ein Bier." Bier konnte Martin Porath ihnen zwar anbieten, aber sein Hof ist nicht, wie das Schild oberhalb am Deich vermuten lassen könnte, die Gaststätte „Zum Heiratsmarkt". Und Gastronomie ist auch nicht so sein Ding, sagt er.

Martin Porath ist der Geschäftsführer des Gewässer- und Deichverbands Oderbruch, der für eine Fläche von gut 130.000 Hektar zuständig ist. Wohnt er deshalb so nah an der Oder? Auf die Frage antwortet er mit einem Schmunzeln: „Weil's hier schön ist." Das muss als Begründung reichen. Von Berufs Wegen kennt Martin Porath sich mit allen Details des Oderbruchs und seiner Gewässer aus und kennt die vielen Geschichten und Meinungen rund um Hochwasser, Deich und Biber.

Privat weiß er, was es heißt mit dem Fluss zu leben. Es ist schon vorgekommen, dass die Familie das Haus nicht mehr ohne Gummistiefel verlassen konnte, weil das Sickerwasser, das durch den Deich gedrungen war, zwanzig Zentimeter hoch in ihrem Hof stand. „Das ist einfach das Oderbruch, damit muss man leben, das muss man wissen", sagt er mit spürbarer Gelassenheit. Mit der gleichen Gelassenheit versorgt seine Frau Martina, sie ist ausgebildete Gemeindekrankenschwester, verunfallte Radfahrer, die nicht selten an die Tür des Dammmeisterhäuschens klopfen. Radtourismus – auch so eine Naturgewalt, mit der man leben muss…

liches, wunderschönes Gewässer. Zu jeder Jahreszeit. Auch dann lohnt sich die Beobachtung. Die Beobachtung des Farbenspiels beim Sonnenuntergang, der zwischen den Buhnen flitzenden Fische und des Schilfs im Wind. Niemand hier möchte die Oder missen. Und was ihre Unberechenbarkeit angeht, wissen die Reitweiner: Am Ende muss man einfach mit dem Fluss leben wie die Kölner mit ihrem geliebten Rhein.

Die Diplomatentreppe

Wir reißen uns los und kehren zurück auf den Oderdamm. Wir radeln weiter auf dem Oder-Neiße-Radweg flussaufwärts, vorbei am Gedenkstein für das Oderhochwasser von 1997 zur Diplomatentreppe.

Bleiben wir bescheiden: Wir erwarten in Reitwein nicht unablässig Besuch von Botschaftern. Trotzdem ist vorgesorgt – mit der Diplomatentreppe könnten die Gesandten würdevoll, sauber und trocken den Oderdamm erklimmen. Das war zumindest der Grund, warum die Treppe 1984 gebaut wurde. Der Anlass: der „40. Jahrestag der Befreiung“. Damals reisten die Botschafter von 40 diplomatischen Vertretungen nach Reitwein.

An der Landseite des Oderdamms fällt eine Reihe große Bäume auf. Sie sollten im Zuge einer Deichsanierung gefällt werden, so wie es die DIN-Norm 19712 für Flussdeiche fordert. Bäume gelten als Gefahr, denn bei erhöhten Wasserständen können sie im aufgeweichten Boden umstürzen und riesige Wurzelkrater in den Damm reißen. Nach den Protesten einer Bürgerinitiative startete ein Pilotprojekt mit den **Reitweiner Deichbäumen**, das noch immer läuft. An der Diplomatentreppe wurde in den Deich eine Spundwand eingezogen, an einem Abschnitt weiter flussabwärts wurde der Deich auf der Wasserseite angeschüttet. Die Bäume stellen seither kein Risiko mehr dar. Jetzt wird beobachtet, ob sie unter den neuen Bedingungen überleben.

Die Reitweiner Loose

Unsere Radtour führt uns nun einmal quer durch die pittoreske Reitweiner Loose. Sie ist Beispiel für eine spezielle Siedlungsform: Die ungefähr 600 im Oderbruch scheinbar unregelmäßig in die Landschaft gestellten Einzelgehöfte sind das Ergebnis der **Bauernbefreiung** im 18. und 19. Jahrhundert.

Morgenstimmung auf dem Oderdamm

Die fast 900 km lange Oder ist einer der wenigen Flüsse in Mitteleuropa, die immer wieder komplett zufrieren. Dafür braucht die Oder kumulativ -81°C. Das heißt, um dauerhaft flächenhaftes Eis auszubilden, muss es 9 Tage lang -9°C sein oder 27 Tage lang -3°C.

Die Pokale des Reitweiner Skater-Halbmarathon

Damals wurden die letzten Formen der Leibeigenschaft aufgehoben, das Land „separiert" und „flurbereinigt". Das bis ins 19. Jahrhundert gemeinsam zum Weiden, Abholzen oder für Grasschnitt genutzte Land wurde unter den Bauern aufgeteilt. Die Idee: Eigenverantwortliche große Wirtschaften würden besser zu bearbeiten sein und mehr landwirtschaftliche Produkte liefen. Es entschied das Los, plattdeutsch Loos. Bauern, die Land weit draußen erhielten, bauten mühsam ihre Häuser und Scheunen im Dorf ab und inmitten der neuen Flächen wieder auf. Lagen mehrere solcher Gehöfte nah beieinander – ergab das eine Loose.

Viele Reitweiner Bauern tauschten also das Leben im Dorf mit dem in der Feldmark, und auch wenn die Nähe zum Acker Vorteile brachte, das Leben in den Ausbauten war beschwerlich. Nach dem Zweiten Weltkrieg gaben viele auf und mit der Zeit verschwand rund die Hälfte der Höfe. Die Wege in der Loose waren bis ins späte 20. Jahrhundert nicht oder nur schlecht befestigt und noch heute gibt es keine zentrale Trinkwasserversorgung. Dennoch leben die Menschen gerne dort und wenigstens drei, vier Höfe haben seit der Wiedervereinigung neue Bewohner bekommen.

Wieder auf der Hauptstraße angekommen fahren wir nach links dem Dorf entgegen. Die mit **Apfel- und Birnenbäumen** gesäumte **Allee** ist alljährlich im Sommer Schauplatz des Reitweiner **Skater-Halbmarathons**. Anfänger und Breitensportler können sich hier bei Distanzen von 21,1 und 10 Kilometer testen. Kinder können Strecken bis zu 6 Kilometer laufen. Die Wettkampfbedingungen sind ideal: wenig befahrene, gut asphaltierte Straßen, Flachstrecke mit nicht mehr als einem Prozent Gefälle, überwiegend vier Meter Streckenbreite.

Kurz vor dem Dorfeingang passieren wir das sogenannte **Grenzkommando**. Hier waren bis Anfang der 1960er Jahre Grenzpolizisten stationiert. Ihre Aufgabe bestand in der Verhinderung „illegaler Grenzübertritte" von Osten her über die „Oder-Neiße-Friedensgrenze", in der Durchsetzung der Grenzordnung und der Pflege der Grenzsäulen. Einigen jungen Grenzern gefiel Reitwein oder auch eine ganz bestimmte Reitweinerin so gut, dass sie heirateten und blieben. Heute sind nicht wenige junge Männer aus Reitwein tagelang überall im Land unterwegs – sie sind bei **Munitionsräumdiensten** angestellt. Der Großteil der Dorfbevölkerung arbeitet außerhalb. Zum Feierabend und am Wochenende kehren sie in ihr idyllisches Dorf zurück.

Die meisten Reitweiner wünschen sich, dass die Jungen nicht weggehen und auch neue Menschen kommen, sich verlieben und bleiben. Damit dieses schöne Dorf immer Kinder und eine lange und lebhafte Zukunft hat.

IMPRESSUM

NEUE Reitweiner Merkwürdigkeiten
Ein Begleiter durch Reitwein anlässlich des 700-jährigen Jubiläums

Albrechtstraße 18, 10117 Berlin, www.terra-press.de
1. Auflage 2016 · ISBN 978-3-942917-27-8
Preis: € 7,00

Fotos (außer historische Aufnahmen): Wildblume (S. 13), Michael Pommerening (S. 15), Karl-Friedrich Tietz (S. 21, 25), Reitweiner AnSporn (S. 22), Posaunenchor Podelzig/Reitwein (S. 23), Wiesenkeramik (S. 31), Reitweiner Landfrauen (S. 37), Detlef Schieberle (S. 64), Andreas Sorge (S. 72), Torsten Zickelbein (S. 73), Sportverein Rot-Weiß Reitwein (S. 74), alle anderen Jana Kotte

Text, Konzeption: Nadine Schmid, Jana Kotte

Karten und Layout: terra press GmbH, Jana Kotte

Mitarbeit: Joachim Nölte (Beitrag S. 5-7), Hermann-Georg Kaiser (Beiträge S. 16 und S. 26-27), Ines Masuk (Beitrag S. 22), Günther Alexander von Wittich (Beitrag S. 34-35)

Bibliografische Information der Deutschen Bibliothek: Die Deutsche Bibliothek verzeichnet diese Publikation in der Deutschen Nationalbibliografie; die detaillierten bibliografischen Daten sind im Internet unter http://dnb.ddb.de abrufbar.
Alle Angaben in diesem Buch wurden nach bestem Wissen recherchiert. Sollten sich dennoch Fehler eingeschlichen haben, bedankt sich der Verlag für jeden Hinweis.

Für das Zustandekommen der Festschrift gilt all denen Dank, die mit ihren Fotos und Erinnerungen und mit ihrem Wissen dazu beigetragen und uns mit ihren Antworten Einblicke in ihren Lebensalltag gewährt haben.

Besonderer Dank geht an Hermann-Georg Kaiser, der uns mit seinen Publikationen „Reitwein – Ereignisse und Bilder aus der ersten Hälfte des 20. Jahrhunderts“ und „Kriegsereignisse in Reitwein und Umgebung – Frühjahr 1945“ fundiertes Wissen zu Reitwein lieferte.
Eine wichtige Fundgrube waren ebenfalls die „Reitweinischen Merkwürdigkeiten“ des Pfarrers Paul Schroeder von 1904, die uns ein anschauliches Bild Reitweins bis Anfang des 20. Jahrhunderts vermittelten.

€ 7,00

9 783942 917278